Sueton | Augustus

C. Suetonius Tranquillus
Augustus

Lateinisch / Deutsch

Übersetzt und herausgegeben von Dietmar Schmitz
Mit einem Nachwort von Ursula Blank-Sangmeister

Reclam

RECLAMS UNIVERSAL-BIBLIOTHEK Nr. 14077
1988, 2021 Philipp Reclam jun. Verlag GmbH,
Siemensstraße 32, 71254 Ditzingen
Gestaltung: Cornelia Feyll, Friedrich Forssman
Druck und Bindung: Eberl & Koesel GmbH & Co. KG,
Am Buchweg 1, 87452 Altusried-Krugzell
Printed in Germany 2021
RECLAM, UNIVERSAL-BIBLIOTHEK und
RECLAMS UNIVERSAL-BIBLIOTHEK sind eingetragene Marken
der Philipp Reclam jun. GmbH & Co. KG, Stuttgart
ISBN 978-3-15-014077-2
www.reclam.de

C. Suetoni Tranquilli
De Vita Caesarum

Liber II

Divus Augustus

Die Kaiserviten des
C. Suetonius Tranquillus

2. Buch

Der göttliche Augustus

1 Gentem Octaviam Velitris praecipuam olim fuisse multa declarant. nam et vicus celeberrima parte oppidi iam pridem Octavius vocabatur et ostendebatur ara Octavio consecrata, qui bello dux finitimo, cum forte Marti rem divinam faceret, nuntiata repente hostis incursione semicruda exta rapta foco prosecuit atque ita proelium ingressus victor redit. decretum etiam publicum extabat, quo cavebatur, ut in posterum quoque simili modo exta Marti redderentur reliquiaeque ad Octavios referrentur.

2 (1) Ea gens a Tarquinio Prisco rege inter minores gentis adlecta in senatum, mox a Serv[il]io Tullio in patricias traducta, procedente tempore ad plebem se contulit ac rursus magno intervallo per Divum Iulium in patriciatum redit. primus ex hac magistratum populi suffragio cepit C. Rufus. (2) is quaestorius Cn. et C. procreavit, a quibus duplex Octaviorum familia defluxit condicione diversa, siquidem Gnaeus et deinceps ab eo reliqui omnes functi sunt honoribus summis; at C. eiusque posteri, seu fortuna seu voluntate, in equestri ordine constiterunt usque ad Augusti patrem. proavus Augusti secundo Punico bello stipendia in Sicilia tribunus militum fecit Aemilio Papo imperatore. avus municipalibus magisteriis contentus abun-

1 Vieles weist deutlich darauf hin, dass die Familie der Octavii[1] einst zu den vornehmsten in Velitrae gehörte. Denn im belebtesten Teil der Stadt hieß ein Viertel schon seit langer Zeit Octavius, und es wurde ein Altar gezeigt, der einem Octavius geweiht war; dieser hatte in einem Grenzkrieg, da er gerade dem Mars ein Opfer darbrachte, als Feldherr Meldung vom plötzlichen Angriff der Feinde erhalten. Daraufhin riss er die halbrohen Eingeweide des Opfertieres aus dem Feuer, zerschnitt sie, und nachdem er so in den Kampf geschritten war, kehrte er als Sieger zurück. Es gab sogar einen öffentlichen Beschluss, der sicherstellte, dass auch in Zukunft dem Mars die Eingeweide in ähnlicher Weise dargebracht und die Reste an die Octavii abgeliefert wurden.

2 (1) Diese Familie gehörte zu den Geschlechtern[2] zweiter Klasse; nachdem sie von König Tarquinius Priscus in den Senat hinzugewählt, später von Servius Tullius unter die Patrizier aufgenommen worden war, wechselte sie im Laufe der Zeit auf die Seite der Plebejer und kehrte erst nach langer Zeit wieder in den Patrizierstand zurück, und zwar durch den göttlichen Iulius. Als Erster erhielt aus dieser Familie ein Amt durch Volkswahl C. Rufus[3]. (2) Dieser bekleidete den Rang eines Quästors und hatte zwei Söhne, nämlich Gnaeus und Gaius, von denen sich die zweifache Linie der Familie der Octavii herleitete und deren Schicksal sehr verschiedenen war, insofern als Gnaeus und alle, die später von ihm abstammten, die höchsten Ehrenämter bekleideten, wohingegen Gaius und seine Nachkommen, sei es schicksalhaft oder auf eigenen Wunsch, bis zum Vater des Augustus im Ritterstand blieben. Augustus' Urgroßvater diente als Militärtribun im Zweiten Punischen Krieg in Sizilien unter dem Oberbefehl des Aemilius Papus. Sein Großvater, zufrieden mit den Aufgaben eines kleinstädtischen Wegaufsehers, erreichte auf sehr ruhige Art und Weise ein hohes Alter, wobei ihm ein reiches Erbe zur

dante patrimonio tranquillissime senuit. (3) sed haec alii; ipse Augustus nihil amplius quam equestri familia ortum se scribit vetere ac locuplete, et in qua primus senator pater suus fuerit. M. Antonius libertinum ei proavum exprobrat, restionem e pago Thurino, avum argentarium. nec quicquam ultra de paternis Augusti maioribus repperi.

3 (1) C. Octavius pater a principio aetatis et re et existimatione magna fuit, ut equidem mirer hunc quoque a nonnullis argentarium atque etiam inter divisores operasque campestres proditum; amplis enim innutritus opibus honores et adeptus est facile et egregie administravit. ex praetura Macedoniam sortitus fugitivos, residuam Spartaci et Catilinae manum, Thurin[g]um agrum tenentis in itinere delevit, negotio sibi in senatu extra ordinem dato. (2) provinciae praefuit non minore iustitia quam fortitudine; namque Bessis ac Thracibus magno proelio fusis ita socios tractavit, ut epistulae M. Ciceronis extent, quibus Quintum fratrem eodem tempore parum secunda fama proconsulatum Asiae administrantem hortatur et monet, imitetur in promerendis sociis vicinum suum Octavium.

4 (1) Decedens Macedonia, prius quam profiteri se candidatum consulatus posset, mortem obiit repentinam, superstitibus liberis Octavia maiore, quam ex Ancharia, et Octavia mi-

Verfügung stand. (3) Aber diese Informationen haben andere überliefert; Augustus selbst schreibt nichts weiter, als dass er von einer alten und reichen Familie des Ritterstandes abstamme, in der sein Vater der erste Senator gewesen sei. M. Antonius macht ihm zum Vorwurf, dass sein Urgroßvater Freigelassener sei, ein Seiler aus dem Polisgebiet von Thurii, sein Großvater Geldwechsler. Darüber hinaus habe ich über die väterlichen Vorfahren des Augustus nichts in Erfahrung gebracht.

3 (1) C. Octavius, der Vater von Augustus, zeichnete sich von früher Jugend an sowohl durch umfangreichen Besitz aus als auch durch großes Ansehen, so dass ich mich freilich wundere, dass einige behaupteten, er sei Geldwechsler gewesen und hätte sich sogar unter den Wahlgeldausteilern und Beifallklatschern auf dem Marsfeld befunden; denn in ansehnlichem Reichtum aufgewachsen, hat er mühelos Staatsämter erreicht und vortrefflich verwaltet: Nach seiner Prätur erloste er die Provinz Makedonien und vernichtete auf seinem Weg dorthin Flüchtlinge, die übriggebliebene Schar des Spartacus und des Catilina, die die Mark von Thurii besetzt hielt; diese Aufgabe war ihm im Senat aufgrund eines besonderen Beschlusses übertragen worden. (2) Die Provinz leitete er gleichermaßen mit Gerechtigkeit und Tapferkeit; denn nachdem er die Besser und Thraker in einer großen Schlacht geschlagen hatte, behandelte er die Bundesgenossen derart, dass M. Cicero in noch vorhandenen Briefen seinen Bruder Quintus, der zur selben Zeit als Prokonsul Kleinasien verwaltete und sich dabei keiner günstigen Beurteilung erfreuen durfte, eindringlich ermahnte, seinen Nachbarn Octavius im Umgang mit Bundesgenossen nachzuahmen.[4]

4 (1) Bei seiner Abreise von Makedonien, noch bevor er seine Kandidatur für das Konsulat bekanntgeben konnte, verstarb er plötzlich,[5] wobei er aus der Ehe mit Ancharia die ältere Octavia

nore item Augusto, quos ex Atia tulerat. Atia M. Atio Balbo et Iulia, sorore C. Caesaris, genita est. Balbus, paterna stirpe Aricinus, multis in familia senatoriis imaginibus, a matre Magnum Pompeium artissimo contingebat gradu functusque honore praeturae inter vigintiviros agrum Campanum plebi Iulia lege divisit. (2) verum idem Antonius, despiciens etiam maternam Augusti originem, proavum eius Afri generis fuisse et modo unguentariam tabernam modo pistrinum Ariciae exercuisse obicit. Cassius quidem Parmensis quadam epistula non tantum ut pistoris, sed etiam ut nummulari nepotem sic taxat Augustum: ›materna tibi farina est ex crudissimo Ariciae pistrino: hanc finxit manibus collybo decoloratis Nerulonensis mensarius.‹

5 Natus est Augustus M. Tullio Cicerone C. Antonio conss. VIIII. Kal. Octob. paulo ante solis exortum, regione Palati ad Capita bubula, ubi nunc sacrarium habet, aliquanto post quam excessit constitutum. nam ut senatus actis continetur, cum C. Laetorius, adulescens patricii generis, in deprecanda graviore adulterii poena praeter aetatem atque natales hoc quoque patribus conscriptis allegaret, esse possessorem ac velut aedituum soli, quod primum Divus Augustus nascens attigisset, peteret-

hinterließ; die jüngere Octavia sowie Augustus waren Kinder, die er gemeinsam mit Atia hatte. Diese war eine Tochter von M. Atius Balbus und Iulia, der Schwester des C. Caesar. Balbus, der väterlicherseits aus Aricia stammte und in dessen Familie zahlreiche Senatoren waren, stand mütterlicherseits in sehr enger Beziehung zu Pompeius dem Großen. Nachdem er die Prätur[6] innegehabt hatte, gehörte er dem Zwanzigmännerkollegium an, das gemäß dem Iulischen Gesetz[7] die kampanische Mark unter das Volk aufteilte. (2) Derselbe Antonius aber, der auf die mütterlichen Ahnen des Augustus mit Verachtung herabsieht, erhebt gegen ihn den Vorwurf, sein Urgroßvater sei von afrikanischer Herkunft gewesen und habe in Aricia bald einen Salbenladen, bald das Müller- und Bäckerhandwerk betrieben. Cassius aus Parma[8] freilich behauptet in einem Brief, Augustus sei nicht nur der Enkel eines Bäckers, sondern sogar eines Geldmaklers: »Das Mehl deiner Mutter kommt aus der primitivsten Mühle von Aricia: Ein Geldwechsler aus Nerulum hat es geformt mit Händen, die vom Aufpreis beim Geldwechseln geschwärzt waren.«

5 Geboren wurde Augustus im Konsulatsjahr von M. Tullius Cicero und C. Antonius[9] am 23. September kurz vor Sonnenaufgang in der Gegend des Palatins, die »Bei den Rinderköpfen« heißt; dort befindet sich jetzt ein Heiligtum, das eine Reihe von Jahren nach seinem Hinscheiden errichtet wurde. Denn wie in den Senatsakten festgehalten, hat C. Laetorius, ein junger Mann aus dem Patrizierstand, als er eine schwerere Strafe wegen eines von ihm begangenen Ehebruchs durch flehentliches Bitten abwenden wollte, neben seinem Alter und seiner Abstammung auch dies vor den Senatoren (als Milderungsgrund) geltend gemacht, dass er Besitzer und gewissermaßen Hüter des Bodens sei, den der göttliche Augustus bei seiner Geburt berührt habe; und als er darum bat, dass ihm die Strafe erlassen werde aufgrund der ihm gleichsam persönlich und als

que donari quasi proprio suo ac peculiari deo, decretum est ut ea pars domus consecraretur.

6 Nutrimentorum eius ostenditur adhuc locus in avito suburbano iuxta Velitras permodicus et cellae penuariae instar, tenetque vicinitatem opinio tamquam et natus ibi sit. huc introire nisi necessario et caste religio est, concepta opinione veteri, quasi temere adeuntibus horror quidam et metus obiciatur, sed et mox confirmata. nam cum possessor villae novus seu forte seu temptandi causa cubitum se eo contulisset, evenit ut post paucissimas noctis horas exturbatus inde subita vi et incerta paene semianimis cum strato simul ante fores inveniretur.

7 (1) Infanti cognomen Thurino inditum est, in memoriam maiorum originis, vel quod regione Thurina recens eo nato pater Octavius adversus fugitivos rem prospere gesserat. Thurinum cognominatum satis certa probatione tradiderim nactus puerilem imagunculam eius aeream veterem ferreis et paene iam exolescentibus litteris hoc nomine inscriptam, quae dono a me principi data inter cubicu⟨li⟩ Lares colitur. sed et a M. Antonio in epistulis per contumeliam saepe Thurinus appellatur et ipse nihil amplius quam mirari se rescribit pro obprobrio sibi prius nomen obici. (2) postea Gai Caesaris et deinde Augusti

Eigentum zugehörigen Gottheit, wurde der Beschluss gefasst, diesen Teil des Hauses zum Heiligtum zu erklären.

6 Noch heute wird der Ort seiner ersten Jugendjahre im großväterlichen Landgut nahe bei Velitrae gezeigt, ein Raum, der nur so groß wie eine Vorratskammer ist; und die Nachbarschaft vertritt die Meinung, dass Augustus dort auch geboren sei. Es gilt als Frevel, hier einzutreten, außer wenn es unvermeidlich ist und in frommer Absicht geschieht; entsprechend einem alten Glauben wird denen, die unbesonnen diesen Ort aufsuchen, Schrecken und Furcht eingejagt; dies bestätigte sich auch bald. Denn als ein neuer Besitzer des Landhauses, sei es zufällig, sei es, um seinen Wagemut zu erproben, sich dorthin zum Schlafen begeben hatte, geschah es, dass er nach sehr wenigen Stunden der Nacht von dort durch eine plötzlich auftretende, unbekannte Macht hinausgeworfen und beinahe halbtot zusammen mit seinem Lager vor der Tür aufgefunden wurde.

7 (1) Als Kind gab man Augustus den Beinamen Thurinus zur Erinnerung an die Herkunft seiner Vorfahren oder weil sein Vater Octavius in der Gegend von Thurii gleich nach der Geburt des Sohnes entlaufene Sklaven mit Erfolg bekämpft hatte[10]. Als sicheren Beweis dafür, dass er den Beinamen Thurinus wirklich erhalten hat, möchte ich anführen, dass ich zufällig eine alte Bronzestatuette gefunden habe, die Augustus als Knaben darstellt und auf der eine alte Inschrift aus eisernen, kaum noch leserlichen Buchstaben mit diesem Namen angebracht ist; diese Statuette, die ich dem Kaiser zum Geschenk gemacht habe, wird von ihm unter den Hausgöttern in seinem Schlafgemach verehrt. Augustus aber wird von M. Antonius in seinen Briefen aus Verunglimpfung oft »Thurinus« genannt, und er selbst erwidert nichts weiter, als dass er sich darüber wundere, dass ihm der frühere Name zum Vorwurf gemacht werde. (2) Später nahm er die Beinamen Gaius Caesar

cognomen assumpsit, alterum testamento maioris avunculi, alterum Munati Planci sententia, cum quibusdam censentibus Romulum appellari oportere quasi et ipsum conditorem urbis, praevaluisset, ut Augustus potius vocaretur, non tantum novo sed etiam ampliore cognomine, quod loca quoque religiosa et in quibus augurato quid consecratur augusta dicantur, ab auctu vel ab avium gestu gustuve, sicut etiam Ennius docet scribens: ›Augusto augurio postquam incluta condita Roma est.‹

8 (1) Quadrimus patrem amisit. duodecimum annum agens aviam Iuliam defunctam pro contione laudavit. quadriennio post virili toga sumpta militaribus donis triumpho Caesaris Africano donatus est, quanquam expers belli propter aetatem. profectum mox avunculum in Hispanias adversus Cn. Pompei liberos vixdum firmus a gravi valitudine per infestas hostibus vias paucissimis comitibus naufragio etiam facto subsecutus, magno opere demeruit, approbata cito etiam morum indole super itineris industriam.

(2) Caesare post receptas Hispanias expeditionem in Dacos et inde in Parthos destinante praemissus Apolloniam studiis

und dann Augustus an, den einen entsprechend dem Testament seines Großonkels, den anderen aufgrund des Antrags von Munatius Plancus[11]. Obgleich einige Senatoren beantragten, er müsse Romulus genannt werden, gewissermaßen als zweiter Gründer der Stadt, setzte sich die Ansicht durch, ihn eher Augustus zu nennen, nicht nur wegen des neuen, sondern auch wegen des erlauchteren Beinamens, weil auch Plätze für religiöse Handlungen und solche, auf denen nach Einholung der Vorzeichen Weihungen vorgenommen wurden, als *augustus*[12] [»geweiht, erhaben«] bezeichnet werden, ein Wort, das sich herleitet von *auctus* [»Gedeihen, Fülle«] oder von *avium gestu gustuve* [»Gebaren oder Fressen der Vögel«], wie auch Ennius[13] lehrt, wenn er schreibt: »Nachdem das berühmte Rom aufgrund erhabener Vogelschau gegründet war.«

8 (1) Im Alter von vier Jahren[14] verlor Augustus seinen Vater. Mit zwölf Jahren hielt er die öffentliche Leichenrede[15] für seine verstorbene Großmutter Iulia. Vier Jahre später wurde er, nachdem er schon die Männertoga[16] angelegt hatte, beim afrikanischen Triumph Caesars[17] mit militärischen Auszeichnungen geehrt, obgleich er wegen seines Alters am Krieg nicht teilgenommen hatte. Als sein Onkel bald danach gegen die Söhne des Cn. Pompeius in die beiden spanischen Provinzen aufbrach,[18] folgte er ihm sofort, obwohl kaum von schwerer Krankheit genesen, auf den von Feinden bedrohten Straßen, wobei ihn nur wenige begleiteten und er obendrein noch Schiffbruch erlitten hatte; dadurch machte er sich hoch verdient; auch seine guten charakterlichen Veranlagungen wurden rasch anerkannt, ganz abgesehen von der Energie, die er unterwegs gezeigt hatte.

(2) Nachdem Caesar die beiden spanischen Provinzen eingenommen hatte,[19] beschloss er, einen Feldzug zu den Dakern und von dort zu den Parthern zu unternehmen; Augustus wurde nach Apollonia vorausgeschickt, wo er Zeit für wissen-

vacavit. utque primum occisum eum heredemque se comperit, diu cunctatus an proximas legiones imploraret, id quidem consilium ut praeceps inmaturumque omisit. ceterum urbe repetita hereditatem adiit, dubitante matre, vitrico vero Marcio Philippo consulari multum dissuadente. (3) atque ab eo tempore exercitibus comparatis primum cum M. Antonio M.que Lepido, deinde tantum cum Antonio per duodecim fere annos, novissime per quattuor et quadraginta solus rem p. tenuit.

9 Proposita vitae eius velut summa parte⟨s⟩ singillatim neque per tempora sed per species exequar, quo distinctius demonstrari cognoscique possint.

Bella civilia quinque gessit: Mutinense, Philippense, Perusinum, Siculum, Actiacum; e quibus primum ac novissimum adversus M. Antonium, secundum adversus Brutum et Cassium, tertium adversus L. Antonium triumviri fratrem, quartum adversus Sextum Pompeium Cn. f(ilium).

10 (1) Omnium bellorum initium et causam hinc sumpsit: nihil convenientius ducens quam necem avunculi vindicare tuerique acta, confestim ut Apollonia rediit, Brutum Cassiumque et vi necopinantis et, quia provisum periculum subterfugerant, legibus adgredi reosque caedis absentis deferre statuit. ludos autem victoriae Caesaris non audentibus facere quibus

schaftliche Studien hatte. Als er erfahren hatte, dass Caesar ermordet worden war und er zu seinem Erben bestellt sei, war er lange unschlüssig, ob er nicht die Legionen, die ganz in der Nähe stationiert waren, um Hilfe bitten sollte, ließ allerdings diesen Plan als überstürzt und noch nicht ausgereift fallen. Aber er kehrte nach Rom zurück und trat die Erbschaft an, obwohl seine Mutter Zweifel äußerte und sein Stiefvater Marcius Philippus, ein Konsular, energisch abriet.[20] (3) Und von diesem Zeitpunkt an hatte er, nachdem er Heere aufgestellt hatte, zunächst gemeinsam mit M. Antonius und M. Lepidus, dann nur mit Antonius, fast zwölf Jahre lang, zuletzt allein 44 Jahre die Macht im Staat inne.

9 Nachdem ich gewissermaßen einen allgemeinen Überblick über sein Leben gegeben habe, will ich nun die Abschnitte im Einzelnen darstellen, jedoch nicht nach zeitlichen, sondern nach thematischen Gesichtspunkten, damit Darlegung und Verständnis umso deutlicher werden können.

Augustus hat fünf Bürgerkriege geführt: den von Mutina, Philippi, Perusia, Sizilien und Actium[21]; den ersten und letzten gegen M. Antonius, den zweiten gegen Brutus und Cassius,[22] den dritten gegen L. Antonius, den Bruder des Triumvirn[23], den vierten gegen Sextus Pompeius, den Sohn des Gnaeus.

10 (1) Den Anfang und die Ursache für alle Kriege leitete er aus Folgendem ab: Nichts hielt er für angemessener, als die Ermordung seines Onkels zu rächen und dessen Verfügungen zu verteidigen. Sobald er unverzüglich von Apollonia[24] zurückgekehrt war, beschloss er, gegen Brutus und Cassius, solange sie noch nichts ahnten, mit Gewalt, dann, weil sie sich heimlich der von ihnen vorausgesehenen Gefahr entzogen hatten, gesetzlich vorzugehen und sie in ihrer Abwesenheit wegen Mordes anzuklagen. Er veranstaltete aber selbst die Spiele zu Ehren von Caesars Sieg[25], weil diejenigen, denen diese Aufgabe zugefallen war, nicht den Mut aufbrachten, sie

optigerat id munus, ipse edidit. (2) et quo constantius cetera quoque exequeretur, in locum tr. pl. forte demortui candidatum se ostendit, quanquam patricius necdum senator. sed adversante conatibus suis M. Antonio consule, quem vel praecipuum adiutorem speraverat, ac ne publicum quidem et translativum ius ulla in re sibi sine pactione gravissimae mercedis impertiente, ad optimates se contulit, quibus eum invisum sentiebat, maxime quod D. Brutum obsessum Mutinae provincia a Caesare data et per senatum confirmata expellere armis niteretur. (3) hortantibus itaque nonnullis percussores ei subornavit, ac fraude deprehensa periculum in vicem metuens veteranos simul in suum ac rei p. auxilium quanta potuit largitione contraxit; iussusque comparato exercitui pro praetore praeesse et cum Hirtio ac Pansa, qui consulatum susceperant, D. Bruto opem ferre, demandatum bellum tertio mense confecit duobus proeliis. (4) priore Antonius fugisse eum scribit ac sine paludamento equoque post biduum demum apparuisse, sequenti satis constat non modo ducis, sed etiam militis functum munere atque in media dimicatione, aquilifero legionis suae graviter saucio, aquilam umeris subisse diuque portasse.

durchzuführen. (2) Und um auch die übrigen Vorhaben umso konsequenter in die Tat umsetzen zu können, erklärte er sich zum Bewerber um das Amt eines zufällig verstorbenen Volkstribuns, obwohl er Patrizier und noch nicht Senator war.[26] Aber seinen Bestrebungen stellte sich der Konsul M. Antonius entgegen, auf dessen ganz besonderen Beistand er gehofft hatte; und dieser gewährte ihm nicht einmal das übliche und überlieferte Recht, ohne sich eine außergewöhnlich hohe Belohnung auszubedingen; deshalb wandte er sich an die Optimaten, die – wie er merkte – Antonius hassten, besonders weil er D. Brutus in Mutina[27] zunächst belagert hatte und dann mit Waffengewalt den Versuch unternahm, ihn zu vertreiben, obwohl ihm von Caesar die Provinzverwaltung übertragen und dieser Akt auch durch den Senat bestätigt worden war. (3) Als daher einige Optimaten ihn aufforderten, etwas zu unternehmen, beauftragte Augustus heimlich Männer, die Antonius umbringen sollten; nach Aufdeckung dieses Verbrechens zog er aus Furcht vor einem nun gegen ihn gerichteten Anschlag – gegen einen seinen finanziellen Möglichkeiten entsprechenden äußerst großzügigen Geldbetrag – Veteranen zum Schutz für sich und den Staat zusammen; er erhielt den Befehl, als Proprätor das neu aufgestellte Heer zu führen und zusammen mit Hirtius und Pansa, die das Konsulamt übernommen hatten, dem D. Brutus Hilfe zu bringen; den ihm übertragenen Krieg beendete er im dritten Monat in zwei Schlachten. (4) In der ersten – so schreibt Antonius – sei er geflüchtet und ohne Feldherrnmantel und Pferd erst nach zwei Tagen wieder aufgetaucht; in der zweiten Schlacht hat er – wie hinlänglich bekannt ist – nicht nur die Aufgabe eines Führers, sondern auch eines Soldaten erfüllt, und er soll mitten im Kampf, als der Adlerträger seiner Legion schwer verwundet war, den Adler auf seine Schultern genommen und lange getragen haben.

11 Hoc bello cum Hirtius in acie, Pansa paulo post ex vulnere perissent, rumor increbruit ambos opera eius occisos, ut Antonio fugato, re p. consulibus orbata solus victores exercitus occuparet. Pansae quidem adeo suspecta mors fuit, ut Glyco medicus custoditus sit, quasi venenum vulneri indidisset. adicit his Aquilius Niger alterum e consulibus Hirtium in pugnae tumultu ab ipso interemptum.

12 Sed ut cognovit Antonium post fugam a M. Lepido receptum ceterosque duces et exercitus consentire pro partibus, causam optimatium sine cunctatione deservit, ad praetextum mutatae voluntatis dicta factaque quorundam calumniatus, quasi alii se puerum, alii ornandum tollendumque iactassent, ne aut sibi aut veteranis par gratia referretur. et quo magis paenitentiam prioris sectae approbaret, Nursinos grandi pecunia et quam pendere nequirent multatos extorres oppido egit, quod Mutinensi acie interemptorum civium tumulo publice extructo ascripserant ›pro libertate eos occubuisse‹.

13 (1) Inita cum Antonio et Lepido societate Philippense quoque bellum, quamquam invalidus atque aeger, duplici proelio transegit, quorum priore castris exutus vix ad Antoni cor-

11 Als in diesem Krieg Hirtius bei einer Schlacht, Pansa kurz darauf infolge einer Verwundung umgekommen waren, verbreitete sich das Gerücht, beide seien unter seiner Mitwirkung ermordet worden, damit er, Augustus, nachdem Antonius in die Flucht geschlagen und der Staat seiner Konsuln beraubt worden war, allein die siegreichen Heere übernehmen könne. Der Tod des Pansa erregte in der Tat so sehr Verdacht, dass der Arzt Glyco in Gewahrsam genommen wurde, weil er angeblich Gift in die Wunde gegeben hätte. Diesen Gerüchten fügt Aquilius Niger[28] noch hinzu, dass der andere Konsul, nämlich Hirtius, im allgemeinen Kampfgetümmel von Augustus persönlich getötet worden sei.

12 Aber sobald Augustus erfahren hatte, dass Antonius nach seiner Flucht von M. Lepidus aufgenommen worden war und die übrigen Führer und Heere mit den Gegenparteien gemeinsame Sache machten, ließ er die Partei der Optimaten ohne zu zögern im Stich, und um seinen angeblichen Sinneswandel zu rechtfertigen, pervertierte er die Worte und Taten gewisser Leute; so hätten die einen wiederholt die Ansicht geäußert, er sei ein Knabe, andere, man müsse ihn auszeichnen und befördern[29], damit der angemessene Dank weder ihm noch den Veteranen abgestattet werde. Und um seine Reue über die Zugehörigkeit zur früheren Partei desto mehr unter Beweis zu stellen, trieb er die Einwohner von Nursia[30], nachdem er sie mit einer großen Geldstrafe belegt hatte und sie diese nicht zu zahlen imstande waren, aus der Stadt, weil sie mit öffentlichen Mitteln ein Grabmal für die in der Schlacht bei Mutina[31] gefallenen Mitbürger mit folgender Inschrift hatten erbauen lassen: »SIE STARBEN FÜR DIE FREIHEIT.«

13 (1) Nachdem er mit Antonius und Lepidus ein Bündnis eingegangen war, beendete er auch den Krieg bei Philippi[32], obwohl er krank und schwach war, in zwei Schlachten, wobei er in der ersten den Verlust seines Lagers zu beklagen hatte und

nu fuga evaserat. nec successum victoriae moderatus est, sed capite Bruti Romam misso, ut statuae Caesaris subiceretur, in splendidissimum quemque captivum non sine verborum contumelia saeviit; (2) ut quidem uni suppliciter sepulturam precanti respondisse dicitur iam istam volucrum fore potestatem; alios, patrem et filium, pro vita rogantis sortiri vel micare iussisse, ut alterutri concederetur, ac spectasse utrumque morientem, cum patre, quia se optulerat, occiso filius quoque voluntariam occubuisset necem. quare ceteri, in his M. Favonius ille Catonis aemulus, cum catenati producerentur, imperatore Antonio honorifice salutato, hunc foedissimo convicio coram prosciderunt.

(3) Partitis post victoriam officiis cum Antonius Orientem ordinandum, ipse veteranos in Italiam reducendos et municipalibus agris collocandos recepisset, neque veteranorum neque possessorum gratiam tenuit, alteris pelli se, alteris non pro spe meritorum tractari querentibus.

14 Quo tempore L. Antonium fiducia consulatus, quem gerebat, ac fraternae potentiae res novas molientem confugere Perusiam coegit et ad deditionem fame conpulit, non tamen sine magnis suis et ante bellum et in bello discriminibus. nam cum spectaculo ludorum gregarium militem in quattuordecim

nur mit Mühe zum Flügel des Antonius entkommen war. Den Erfolg des Sieges nutzte er aber nicht maßvoll aus, sondern wütete, nachdem er das Haupt des Brutus nach Rom geschickt hatte, damit es dem Standbild Caesars zu Füßen gelegt werde, gerade gegen die bedeutendsten Kriegsgefangenen nicht ohne beleidigende Worte. (2) So soll er nämlich einem Mann, der inständig um eine Bestattung bat, geantwortet haben, dafür würden die Vögel sorgen; es heißt, er habe zwei anderen, Vater und Sohn, die um ihr Leben flehten, aufgetragen, das Los entscheiden zu lassen oder im Moraspiel[33] auszumachen, wem von beiden die Gnade zugestanden werde, weiter zu leben; und er soll zugeschaut haben, wie beide starben, da der Sohn, nachdem der Vater ermordet worden war, weil er sich freiwillig dem Henker angeboten hatte, ebenfalls den Freitod gewählt hatte. Deshalb haben die Übrigen, unter ihnen M. Favonius, der berühmte Nacheiferer des Cato, als sie in Ketten vorgeführt wurden, Antonius als Imperator ehrenvoll gegrüßt, Augustus hingegen mit besonders hässlichen Schmähworten in aller Öffentlichkeit beschimpft.

(3) Als sie nach dem Sieg die Aufgaben verteilt hatten, übernahm Antonius die Verwaltung des Ostens, er selbst die Rückführung der Veteranen nach Italien und deren Ansiedlung auf dem Gebiet der Kleinstädte; hierfür erhielt er weder den Dank der Veteranen noch den der Besitzer, da die einen sich beklagten, dass sie vertrieben würden, die anderen, dass sie, anders als sie erwartet hatten, nicht ihren Verdiensten entsprechend behandelt würden.

14 Zu diesem Zeitpunkt zwang er L. Antonius, der im Vertrauen auf das Konsulat, das er innehatte, und auf die Macht seines Bruders einen Umsturz plante, nach Perusia zu fliehen, und trieb ihn durch Aushungern zur Aufgabe, wobei er jedoch selbst sowohl vor als auch während des Krieges in große Gefahr geriet. Denn als er während einer Aufführung von Spielen

ordinibus sedentem excitari per apparitorem iussisset, rumore ab obtrectatoribus dilato quasi eundem mox et discruciatum necasset, minimum afuit quin periret concursu et indignatione turbae militaris. saluti fuit, quod qui desiderabatur repente comparuit incolumis ac sine iniuria. circa Perusinum autem murum sacrificans paene interceptus est a manu gladiatorum, quae oppido eruperat.

15 Perusia capta in plurimos animadvertit, orare veniam vel excusare se conantibus una voce occurrens ›moriendum esse‹. scribunt quidam trecentos ex dediticiis electos utriusque ordinis ad aram Divo Iulio extructam Idibus Martiis hostiarum more mactatos. extiterunt qui traderent con[s]pecto eum ad arma isse, ut occulti adversarii et quos metus magis quam voluntas contineret, facultate L. Antoni ducis praebita, detegerentur devictisque is et confiscatis promissa veteranis praemia solverentur.

16 (1) Siculum bellum incohavit in primis, sed diu traxit intermissum saepius, modo reparandarum classium causa, quas tempestatibus duplici naufragio et quidem per aestatem amiserat, modo pace facta, flagitante populo ob interclusos com-

einem gemeinen Soldaten, der in einer der 14 (für die Ritter reservierten) Reihen[34] saß, durch einen Amtsdiener den Befehl hatte geben lassen, sich zu erheben, und von Widersachern das Gerücht verbreitet worden war, er habe denselben Mann sogleich grausam martern und töten lassen, fehlte nicht viel, und er wäre bei dem Auflauf der aufgebrachten Soldaten ums Leben gekommen. Seine Rettung war, dass der Vermisste plötzlich wieder erschien, und zwar unversehrt und unverletzt. Als er aber in der Nähe der Stadtmauer von Perusia ein Opfer darbrachte, wäre er beinahe von einer Schar Gladiatoren, die einen Ausbruch aus der Stadt gemacht hatte, abgefangen worden.

15 Nach der Einnahme von Perusia bestrafte er sehr viele, wobei er denen, die den Versuch unternahmen, Gnade zu erbitten oder eine Entschuldigung anzuführen, kurzum entgegnete: »Man muss sterben.« Gewisse Schriftsteller[35] behaupteten, dass aus jedem Stand 300 von denen, die sich ihm ergeben hatten, ausgewählt wurden und an den Iden des März am Altar des göttlichen Iulius nach Art von Opfertieren geschlachtet worden seien. Nach Auskunft einiger Gewährsleute soll er in Übereinkunft mit Antonius zu den Waffen gegriffen haben, um verborgene Feinde und solche, die mehr die Furcht als freier Wille im Zaum hielt, ausfindig zu machen, nachdem ihnen die Gelegenheit geboten worden war, sich dem Führer L. Antonius anzuschließen; Augustus habe sie dann völlig besiegt und ihre Güter eingezogen, so dass er den Veteranen die versprochenen Belohnungen auszahlen konnte.

16 (1) Den Krieg in Sizilien begann er als einen der ersten, der aber zog sich lange hin, da er häufiger unterbrochen wurde, bald zur Beschaffung neuer Flotten, die er infolge der Stürme zweimal bei Schiffbrüchen, und zwar im Verlauf des Sommers, verloren hatte, bald dadurch, dass Augustus Frieden geschlossen hatte, weil dies das Volk wegen der unterbrochenen

meatus famemque ingravescentem; donec navibus ex integro fabricatis ac viginti servorum milibus manumissis et ad remum datis portum Iulium apud Baias inmisso in Lucrinum et Avernum lacum mari effecit. in quo cum hieme tota copias exercuisset, Pompeium inter Mylas et Naulochum superavit, sub horam pugnae tam arto repente somno devinctus, ut ad dandum signum ab amicis excitaretur. (2) unde praebitam Antonio materiam putem exprobrandi: ne rectis quidem oculis eum aspicere potuisse instructam aciem, verum supinum, caelum intuentem, stupidum cubuisse nec prius surrexisse ac militibus in conspectum venisse quam a M. Agrippa fugatae sint hostium naves. alii dictum factumque eius criminantur, quasi classibus tempestate perditis exclamaverit etiam invito Neptuno victoriam se adepturum, ac die circensium proximo sollemni pompae simulacrum dei detraxerit. (3) nec temere plura ac maiora pericula ullo alio bello adiit. traiecto in Siciliam exercitu, cum partem reliquam copiarum continenti repeteret, oppressus ex inproviso a Demochare et Apollophane praefectis Pompei uno demum navigio aegerrime effugit. iterum cum praeter Locros Regium pedibus iret et prospectis biremibus Pompeianis terram legentibus suas ratus descendisset ad litus,

Lieferung der Lebensmittel und der wachsenden Hungersnot leidenschaftlich forderte. Nachdem Augustus ganz neue Schiffe hatte bauen lassen, 20 000 Sklaven freigelassen und für die Arbeit an den Rudern bereitgestellt hatte, ließ er bei Baiae[36] den Iulischen Hafen anlegen, wobei er den Lucriner und Averner See mit dem Meer verband. Da er hier die Truppen im ganzen Winter gedrillt hatte, besiegte er Pompeius zwischen Mylai und Naulochos, obwohl er unmittelbar vor der Stunde der Schlacht plötzlich so fest eingeschlafen war, dass er von seinen Freunden geweckt werden musste, um das Zeichen zum Kampf geben zu können. (2) Dies hat – so möchte ich glauben – dem Antonius den Anlass zu seinen Vorwürfen gegeben: Augustus sei nicht einmal in der Lage gewesen, mit ruhigem Blick die aufgestellte Schlachtreihe anzusehen, sondern er habe auf dem Rücken liegend zum Himmel geschaut und stumpfsinnig dagelegen; er habe sich erst erhoben und seinen Soldaten gezeigt, als die feindlichen Schiffe von M. Agrippa in die Flucht geschlagen worden seien. Andere werfen ihm folgende Äußerung und Handlungsweise vor: Er habe nach dem Verlust der Flotten durch einen Sturm ausgerufen, sogar gegen den Willen Neptuns werde er den Sieg davontragen, und er habe einen Tag später bei den Circusspielen aus dem feierlichen Festzug der Götterbilder das Abbild dieses Gottes entfernen lassen. (3) Und es hat seinen guten Grund, dass er in keinem anderen Krieg mehr und größere Gefahren auf sich zu nehmen hatte. Als er etwa nach dem Übersetzen seines Heeres nach Sizilien den restlichen Teil der Truppen vom Festland abholen wollte, wurde er unversehens von Demochares und Apollophanes, zwei Präfekten des Pompeius, überfallen, konnte aber schließlich unter größter Anstrengung mit einem einzigen Schiff entkommen. Als er ein anderes Mal an Lokroi vorbei zu Fuß nach Regium zog, erblickte er zweirudrige Galeeren der pompeianischen Flotte, die die Küste entlang segelten. Da er glaubte, es

paene exceptus est. tunc etiam per devios tramites refugientem servus Aemili Pauli comitis eius, dolens proscriptum olim ab eo patrem Paulum et quasi occasione ultionis oblata, interficere conatus est.

(4) Post Pompei fugam collegarum alterum M. Lepidum, quem ex Africa in auxilium evocarat, superbientem viginti legionum fiducia summasque sibi partes terrore et minis vindicantem spoliavit exercitu supplicemque concessa vita Cerceios in perpetuum relegavit.

17 (1) M. Antoni[i] societatem semper dubiam et incertam reconciliationibusque variis male focilatam abrupit tandem, et quo magis degenerasse eum a civili more approbaret, testamentum, quod is Romae etiam de Cleopatra liberis inter heredes nuncupatis reliquerat, aperiundum recitandumque pro contione curavit. (2) remisit tamen hosti iudicato necessitudines amicosque omnes atque inter alios C. Sosium et T. Domitium tunc adhuc consules. Bononiensibus quoque publice, quod in Antoniorum clientela antiquitus erant, gratiam fecit coniurandi cum tota Italia pro partibus suis. nec multo post navali proelio apud Actium vicit in serum dimicatione protracta, ut in nave victor pernoctaverit. (3) ab Actio cum Samum in hiberna se recepisset, turbatus nuntiis de seditione praemia et missio-

handle sich um die eigenen, ging er zum Strand hinunter und wäre beinahe gefangen genommen worden. Als er damals, noch dazu auf unwegsamen Pfaden, flüchtete, versuchte ein Sklave seines Begleiters Aemilius Paulus, ihn zu töten, da dieser Schmerz darüber empfand, dass der Vater des Paulus einst von Augustus geächtet worden war, und er nun gewissermaßen die Möglichkeit sah, Rache zu nehmen.

(4) Nach der Flucht des Pompeius nahm Augustus dem anderen Kollegen, M. Lepidus, den er aus Afrika zu Hilfe gerufen hatte, das Heer, weil dieser im Vertrauen auf die 20 Legionen übermütig wurde und unter einschüchternden Drohungen die Hauptrolle für sich beanspruchte; als dieser flehentlich um sein Leben bat, gewährte Augustus ihm diese Bitte, verbannte ihn aber für immer nach Circei.

17 (1) Das Bündnis mit M. Antonius, das stets unzuverlässig und unsicher und durch mannigfaltige Versöhnungsversuche nur unzureichend wiederbelebt worden war, wurde von Augustus schließlich beendet. Und um den Beweis zu erbringen, dass Antonius sich immer mehr von römischer Lebensweise abgewandt hatte, ließ er das Testament, das dieser in Rom hinterlegt und in dem er sogar Kleopatras Kinder zu Miterben ernannt hatte, öffnen und vor versammeltem Volk verlesen.[37] (2) Augustus erklärte ihn zwar zum Staatsfeind, gestattete jedoch allen seinen Verwandten und Freunden, sich zu ihm zu begeben, unter ihnen C. Sosius und T. Domitius, die zu diesem Zeitpunkt noch Konsuln waren. Den Einwohnern von Bononia erließ er es sogar öffentlich, auf seine Sache zu schwören, wie es ganz Italien tun musste, weil sie von alters her zur Klientel der Antonii gehörten. Und nicht lange danach siegte er in der Seeschlacht bei Actium, wobei sich der Kampf so lange hinzog, dass der Sieger die Nacht auf dem Schiff verbringen musste. (3) Als er sich von Actium nach Samos in das Winterlager zurückgezogen hatte, wurde er durch Nach-

nem poscentium, quos ex omni numero confecta victoria Brundisium praemiserat, repetit⟨a It⟩alia tempestate in traiectu bis conflictatus, primo inter promunturia Peloponensi atque Aetoliae, rursus circa montes Ceraunios utrubique parte liburnicarum demersa, simul eius, in qua vehebatur, fusis armamentis et gubernaculo diffracto; nec amplius quam septem et viginti dies, donec †ad desideria militum ordinarentur, Brundisii commoratus, Asiae Syriaeque circuitu Aegyptum petit obsessaque Alexandrea, quo Antonius cum Cleopatra confugerat, brevi potitus est. (4) et Antonium quidem seras condiciones pacis temptantem ad mortem adegit viditque mortuum. Cleopatrae, quam servatam triumpho magno opere cupiebat, etiam psyllos admovit, qui venenum ac virus exugerent, quod perisse morsu aspidis putabatur. ambobus communem sepulturae honorem tribuit ac tumulum ab ipsis incohatum perfici iussit. (5) Antonium iuvenem, maiorem de duobus Fulvia genitis, simulacro Divi Iuli, ad quod post multas et irritas preces confugerat, abreptum interemit. item Caesarionem, quem ex Caesare patre Cleopatra concepisse praedicabat, retractum e fuga supplicio adfecit. reliquos Antoni[i] reginaeque communes liberos non secus ac necessitudine iunctos sibi et conservavit et mox pro condicione cuiusque sustinuit ac fovit.

richten beunruhigt, dass Soldaten aus allen Truppenabteilungen, die er nach dem Sieg nach Brundisium vorausgeschickt hatte, meuterten und ihre Belohnungen und ihre Entlassung forderten. Sogleich kehrte er nach Italien zurück und wurde bei der Überfahrt zweimal von einem Unwetter heimgesucht: Zuerst zwischen dem Vorgebirge der Peloponnes und Ätoliens, dann wiederum in der Nähe des Keraunischen Gebirges, wobei jedesmal einige Liburner-Schiffe untergingen; zugleich wurde das Takelwerk des Schiffes, auf dem er fuhr, erheblich beschädigt und das Steuerruder zerbrochen. Er blieb nicht länger als 27 Tage in Brundisium, bis alles nach den Wünschen der Soldaten geregelt war, und fuhr auf dem Umweg über Kleinasien und Syrien nach Ägypten. Dann bemächtigte er sich nach kurzer Belagerung Alexandrias, wohin sich Antonius mit Kleopatra geflüchtet hatte. (4) Und Antonius, der zu spät um einen Frieden nachsuchte, zwang er, Selbstmord zu begehen, und sah sich die Leiche an. Für Kleopatra, die er sehr gern für seinen Triumphzug gerettet sehen wollte, zog er sogar Psyller hinzu, die aus ihrer Wunde das Gift aussaugen sollten, weil man glaubte, dass sie an dem Biss einer Viper zugrunde gegangen sei. Beiden gewährte er dann aber die Ehre einer gemeinsamen Bestattung und ließ das Grabmal, das sie selbst zu errichten begonnen hatten, vollenden. (5) Den jungen Antonius, den älteren der beiden Söhne Fulvias, ließ er vom Standbild des göttlichen Iulius, zu dem er nach zahlreichen, aber vergeblichen Bitten geflohen war, wegreißen und töten. Ebenso ließ er den auf der Flucht aufgegriffenen Caesarion hinrichten, den Kleopatra – wie sie sich rühmte – von Caesar empfangen hatte. Die übrigen gemeinsamen Kinder von Antonius und der Königin ließ er am Leben, behandelte sie nicht anders als seine eigenen Verwandten und unterstützte und förderte sie später entsprechend der Stellung eines jeden.

18 (1) Per idem tempus conditorium et corpus Magni Alexandri, cum prolatum e penetrali subiecisset oculis, corona aurea imposita ac floribus aspersis veneratus est consultusque, num et Ptolemaeum inspicere vellet, regem se voluisse ait videre, non mortuos. (2) Aegyptum in provinciae formam redactam ut feraciorem habilioremque annonae urbicae redderet, fossas omnis, in quas Nilus exaestuat, oblimatas longa vetustate militari opere detersit. quoque Actiacae victoriae memoria celebratior et in posterum esset, urbem Nicopolim apud Actium condidit ludosque illic quinquennales constituit et ampliato vetere Apollinis templo locum castrorum, quibus fuerat usus, exornatum navalibus spoliis Neptuno ac Marti consecravit.

19 (1) Tumultus posthac et rerum novarum initia coniurationesque complures, prius quam invalescerent indicio detectas, compressit alias alio tempore: Lepidi iuvenis, deinde Varronis Murenae et Fanni Caepionis, mox M. Egnati, exin Plauti Rufi Lucique Pauli progeneri sui, ac praeter has L. Audasi falsarum tabularum rei ac neque aetate neque corpore integri, item Asini Epicadi ex gente Parthina ibridae, ad extremum Telephi, mulieris servi nomenculatoris. nam ne ultimae quidem sortis hominum conspiratione et periculo caruit. (2) Audasius atque Epicadus Iuliam filiam et Agrippam nepotem ex insulis, qui-

18 (1) Zur selben Zeit ließ er sich auch den Sarg mit der Leiche Alexanders des Großen, den er aus dem inneren Gemach hatte heraustragen lassen, zeigen; zum Ausdruck seiner Verehrung legte er einen goldenen Kranz nieder und ließ Blumen streuen; auf die Frage, ob er auch das Grabmal der Ptolemaier in Augenschein nehmen wolle, sagte er, er habe einen König sehen wollen, nicht Leichen. (2) Um Ägypten, das er in eine Provinz umgewandelt hatte, fruchtbarer und für die Getreideversorgung Roms ergiebiger zu machen, ließ er alle Kanäle, in die sich der Nil (zur Zeit der Überschwemmung) ergießt und die seit einem langen Zeitraum verschlammt waren, durch seine Soldaten reinigen. Und damit sein Sieg bei Actium auch für die Nachwelt in feierlicher Erinnerung blieb, gründete er bei Actium die Stadt Nikopolis[38], stiftete dort Spiele, die alle vier Jahre abgehalten werden sollten, erweiterte den alten Apollo-Tempel, schmückte seinen ehemaligen Lagerplatz mit Schiffstrophäen und weihte ihn Neptun und Mars.

19 (1) Später unterdrückte er jeweils an verschiedenen Orten und zu verschiedenen Zeiten mehrere Erhebungen, Umsturzversuche und Verschwörungen, die angezeigt worden waren, noch bevor sie sich voll hatten entfalten können; es handelt sich um die folgenden Erhebungen: diejenige des jungen Lepidus, dann die von Varro und Fannius Caepio, bald danach die von M. Egnatius[39], alsdann die von Plautius Rufus und Lucius Paulus, dem Gatten seiner Enkelin, und außer diesen diejenige von Lucius Audasius, der wegen Urkundenfälschung angeklagt und ein altersschwacher Mann war, ebenso die von Asinius Epicadus, einem Mischling illyrischer Herkunft, schließlich die von Telephus, einem Sklaven, der bei einer Dame das Amt eines Nomenklators[40] innehatte. Denn nicht einmal vor Verschwörungen und Gefahren, die von Leuten niedrigsten Ranges ausgingen, blieb er verschont. (2) Audasius und Epicadus hatten die feste Absicht gehabt, seine Tochter Iulia und sei-

bus continebantur, rapere ad exercitus, Telephus quasi debita sibi fato dominatione et ipsum et senatum adgredi destinarant. quin etiam quondam iuxta cubiculum eius lixa quidam ex Illyrico exercitu, ianitoribus deceptis, noctu deprehensus est cultro venatorio cinctus, imposne mentis an simulata dementia incertum; nihil enim exprimi quaestione potuit.

20 Externa bella duo omnino per se gessit, Delmaticum adulescens adhuc et Antonio devicto Cantabricum. Delmatico etiam vulnera excepit, una acie dextrum genu lapide ictus, altera et crus et utrumque brachium ruina pontis consauciatus. reliqua per legatos administravit, ut tamen quibusdam Pannonicis atque Germanicis aut interveniret aut non longe abesset, Ravennam vel Mediolanium vel Aquileiam usque ab urbe progrediens.

21 (1) Domuit autem partim ductu partim auspiciis suis Cantabriam, Aquitaniam, Pannoniam, Delmatiam cum Illyrico omni, item Raetiam et Vindelicos ac Salassos, gentes Inalpinas. coercuit et Dacorum incursiones tribus eorum ducibus cum magna copia caesis, Germanosque ultra Albim fluvium summovit, ex quibus Suebos et Sigambros dedentis se traduxit in

nen Enkel Agrippa (Postumus)[41] von den Inseln, auf denen sie gefangen gehalten wurden, gewaltsam zu den Heeren zu entführen; Telephus hatte beschlossen, sowohl gegen Augustus selbst als auch gegen den Senat einen Angriff zu führen, da er die Auffassung vertrat, er sei vom Schicksal zur Alleinherrschaft vorgesehen. Ja, es wurde sogar einmal in der Nähe seines Schlafgemachs nachts ein Marketender aus dem illyrischen Heer aufgegriffen, dem es, mit einem Jagdmesser bewaffnet, gelungen war, die Türhüter zu täuschen; und ob er nicht Herr seiner Sinne war oder dies nur vorgab, blieb ungewiss, denn auch durch die Folter konnte nichts aus ihm herausgepresst werden.

20 Auswärtige Kriege hat Augustus selbst überhaupt nur zwei geführt: als er noch ein junger Mann war, den in Dalmatien und nach der Vernichtung des Antonius den in Kantabrien[42]. Im Dalmatischen Krieg trug er sogar Verwundungen davon: In der einen Schlacht wurde er von einem Stein am rechten Knie getroffen, in der anderen wurde er beim Einsturz einer Brücke sowohl am Schenkel als auch an beiden Armen erheblich verletzt. Die übrigen Kriege ließ er durch Unterfeldherren führen, auch wenn er bei einigen, wie etwa dem Pannonischen oder dem Germanischen Krieg, selbst anwesend war oder sich zumindest nicht weit davon entfernt aufhielt; denn er rückte von Rom bis nach Ravenna, Mediolanum oder Aquileia vor.

21 (1) Unterworfen aber hat Augustus teils unter seiner persönlichen Führung, teils unter seinem Oberbefehl, Kantabrien, Aquitanien, Pannonien, Dalmatien mit dem gesamten Illyricum, desgleichen Rätien und die Vindeliker und Salasser, zwei Alpenvölker. Er wehrte auch die Angriffe der Daker ab, wobei drei ihrer Führer und sehr viele Soldaten vernichtend geschlagen wurden, und die Germanen drängte er über die Elbe zurück; von diesen führte er die Sueben und Sugambrer, die

Galliam atque in proximis Rheno agris conlocavit. alias item nationes male quietas ad obsequium redegit. (2) nec ulli genti sine iustis et necessariis causis bellum intulit tantumque afuit a cupiditate quoquo modo imperium vel bellicam gloriam augendi, ut quorundam barbarorum principes in aede Martis Ultoris iurare coegerit mansuros se in fide ac pace quam peterent, a quibusdam vero novum genus obsidum, feminas, exigere temptaverit, quod neglegere marum pignera sentiebat; et tamen potestatem semper omnibus fecit, quotiens vellent obsides recipiendi. neque aut crebrius aut perfidiosius rebellantis graviore umquam ultus est poena, quam ut captivos sub lege venundaret, ne in vicina regione servirent neve intra tricensimum annum liberarentur. (3) qua virtutis moderationisque fama Indos etiam ac Scythas auditu modo cognitos pellexit ad amicitiam suam populique Rom. ultro per legatos petendam. Parthi quoque et Armeniam vindicanti facile cesserunt et signa militaria, quae M. Crasso et M. Antonio ademerant, reposcenti reddiderunt obsidesque insuper optulerunt, denique pluribus quondam de regno concertantibus, non nisi ab ipso electum probaverunt.

22 Ianum Quirinum semel atque iterum a condita urbe ante memoriam suam clausum in multo breviore temporis spatio

sich freiwillig ergaben, nach Gallien hinüber und siedelte sie in Gebieten an, die ganz in der Nähe des Rheins lagen. Andere unruhige Stämme zwang er ebenso zum Gehorsam. (2) Aber mit keinem Volk führte er ohne gerechte und notwendige Gründe Krieg[43], und er war so weit von dem Verlangen entfernt, auf jede Art und Weise sein Reich zu erweitern oder den Kriegsruhm zu erhöhen, dass er gewisse Barbarenfürsten zwang, im Tempel des Mars Ultor zu schwören, sie würden den Frieden, um den sie baten, getreulich halten; von einigen Völkern aber versuchte er eine neue Art von Geiseln, nämlich Frauen, einzufordern, weil er den Eindruck gewonnen hatte, dass ihnen männliche Geiseln gleichgültig waren; und dennoch gab Augustus allen die Gelegenheit, so oft sie es wünschten, ihre Geiseln zurückzuerhalten. Und an Völkern, die sich entweder häufiger oder arglistiger auflehnten, nahm er niemals mit einer schwereren Strafe Rache, als dass er die Kriegsgefangenen unter der Bedingung verkaufte, sie sollten nicht in einer ihrer Heimat benachbarten Gegend Sklavendienst verrichten noch auch innerhalb von 30 Jahren freigelassen werden. (3) Durch diesen Ruf seiner Tapferkeit und seiner maßvollen Regierung nahm er sogar die Inder und Skythen[44], die nur vom Hörensagen bekannt waren, für sich ein und bewegte sie dazu, von sich aus durch Gesandte um seine Freundschaft und die des römischen Volkes zu bitten. Auch die Parther traten ihm ohne Weiteres Armenien ab, als er darauf Anspruch erhob, und gaben ihm auf sein Verlangen die Feldzeichen zurück, die sie M. Crassus und M. Antonius entrissen hatten; darüber hinaus boten sie ihm noch Geiseln an, und schließlich akzeptierten sie, als einmal mehrere Bewerber um die Königswürde stritten, nur denjenigen, den Augustus persönlich ausgewählt hatte.[45]

22 Den Tempel des Ianus Quirinus, der seit Gründung der Stadt vor seiner Zeit nur zweimal geschlossen war, ließ er in

terra marique pace parta ter clusit. bis ovans ingressus est urbem, post Philippense et rursus post Siculum bellum. curulis triumphos tris egit, Delmaticum, Actiacum, Alexandrinum, continuo triduo omnes.

23 (1) Graves ignominias cladesque duas omnino nec alibi quam in Germania accepit, Lollianam et Varianam, sed Lollianam maioris infamiae quam detrimenti, Varianam paene exitiabilem tribus legionibus cum duce legatisque et auxiliis omnibus caesis. hac nuntiata excubias per urbem indixit, ne quis tumultus existeret, et praesidibus provinciarum propagavit imperium, ut a peritis et assuetis socii continerentur. (2) vovit et magnos ludos Iovi Optimo Maximo, si res p. in meliorem statum vertisset: quod factum Cimbrico Marsicoque bello erat. adeo denique consternatum ferunt, ut per continuos menses barba capilloque summisso caput interdum foribus illideret vociferans: ›Quintili Vare, legiones redde!‹ diemque cladis quotannis maestum habuerit ac lugubrem.

24 (1) In re militari et commutavit multa et instituit atque etiam ad antiquum morem nonnulla revocavit. disciplinam severissime rexit. ne legatorum quidem cuiquam, nisi gravate hibernisque demum mensibus, permisit uxorem intervisere.

einem viel kürzeren Zeitraum dreimal schließen, nachdem er zu Lande und zu Wasser den Frieden hergestellt hatte. Zweimal kehrte er in einem kleinen Triumphzug[46] in die Stadt zurück, nach dem Krieg von Philippi, und dann wiederum nach dem Sizilischen Krieg.[47] Große Triumphzüge im Viergespann hielt er drei ab, für die Siege in Dalmatien, bei Actium und Alexandria, wobei alle Triumphzüge volle drei Tage dauerten.

23 (1) Schwere, schimpfliche Niederlagen hat er überhaupt nur zwei erlitten, und zwar ausschließlich in Germanien: die des Lollius und die des Varus.[48] Bei der Niederlage des Lollius war die Schmach größer als der Schaden, die Niederlage des Varus hätte beinahe zum Untergang des Reichs geführt, da drei Legionen mit dem Feldherrn, den Legaten und allen Hilfstruppen gänzlich geschlagen wurden. Auf die Meldung von dieser Niederlage hin ließ er überall in der Stadt Wachen aufstellen, um keine Unruhen aufkommen zu lassen, und verlängerte den Provinzstatthaltern den Oberbefehl, damit die Bundesgenossen von erfahrenen und ihnen bekannten Männern in Schranken gehalten würden. (2) Außerdem gelobte er dem Iuppiter Optimus Maximus große Spiele, wenn sich die Situation des Staates wieder gebessert hätte: So war man bereits im Krieg gegen die Kimbern und Marser verfahren. Schließlich soll er so verzweifelt gewesen sein, dass er mehrere Monate lang seinen Bart und seine Haare hat wachsen lassen und zuweilen den Kopf gegen die Tür schlug, wobei er ausrief: »Quintilius Varus, gib mir meine Legionen wieder!« Und den Tag der Niederlage soll er alljährlich traurig und niedergeschlagen verbracht haben.

24 (1) Im Militärwesen hat er vieles geändert und neu eingeführt, aber auch einige alte Sitten wieder neu belebt. Die Disziplin handhabte er besonders streng. Selbst einem Legaten erlaubte er es nur ungern und lediglich in den Wintermonaten, seine Frau zu besuchen. Einen römischen Ritter hat er, weil

equitem R., quod duobus filiis adulescentibus causa detrectandi sacramenti pollices amputasset, ipsum bonaque subiecit hastae; quem tamen, quod inminere emptioni publicanos videbat, liberto suo addixit, ut relegatum in agros pro libero esse sineret. (2) decimam legionem contumacius parentem cum ignominia totam dimisit, item alias immodeste missionem postulantes citra commoda emeritorum praemiorum exauctoravit. cohortes, si quae cessissent loco, decimatas hordeo pavit. centuriones statione deserta, itidem ut manipulares, capitali animadversione puniit, pro cetero delictorum genere variis ignominis adfecit, ut stare per totum diem iuberet ante praetorium, interdum tunicatos discinctosque, nonnumquam cum decempedis, vel etiam caespitem portantes.

25 (1) Neque post bella civilia aut in contione aut per edictum ullos militum commilitones appellabat, sed milites, ac ne a filiis quidem aut privignis suis imperio praeditis aliter appellari passus est, ambitiosius id existimans, quam aut ratio militaris aut temporum quies aut sua domusque suae maiestas postularet. (2) libertino milite, praeterquam Romae incendiorum causa et si tumultus in graviore annona metueretur, bis usus est: semel ad praesidium coloniarum Illyricum contingentium, ite-

dieser seinen beiden jungen Söhnen die Daumen verstümmelt hatte, um sie dem Kriegsdienst zu entziehen, in die Sklaverei verkauft und dessen Hab und Gut öffentlich versteigern lassen; da er jedoch sah, dass die Steuerpächter danach trachteten, den Mann zu kaufen, überließ er ihn einem seiner Freigelassenen mit dem Auftrag, ihn aufs Land zu verbannen und wie einen Freien leben zu lassen. (2) Die gesamte zehnte Legion, die nur recht widerspenstig Gehorsam leistete, entließ er unter Schimpf und Schande, ebenso verabschiedete er andere, die anmaßend ihre Entlassung forderten, ohne die Belohnungen, die ausgedienten Soldaten üblicherweise zustanden. Kohorten, die etwa von ihren Posten gewichen waren, dezimierte er[49] und ließ ihnen nur Gerste (für ihr Brot) zukommen. Hauptleute, die ihre Stellung verlassen hatten, bestrafte er ebenso wie einfache Soldaten mit dem Tod. Für die übrigen Arten von Vergehen sah er verschiedene schimpfliche Strafen vor, wie zum Beispiel den ganzen Tag über vor dem Feldherrnzelt zu stehen, zuweilen lediglich mit der Tunika bekleidet und ohne Gürtel, manchmal mit einer zehn Fuß langen Messstange, oder sie mussten sogar ein Rasenstück tragen.

25 (1) Nach den Bürgerkriegen aber hat er weder auf einer Versammlung noch in einer Verordnung irgendwelche Soldaten als »Kameraden« bezeichnet, sondern als »Soldaten«, und er ließ sich nicht einmal von seinen Söhnen oder Stiefsöhnen, wenn sie einen Oberbefehl innehatten, auf andere Art und Weise anreden, da er die Auffassung vertrat, dass die Anrede »Kameraden« zu schmeichelhaft und dem Verhalten der Soldaten, den ruhigen Zeiten und seiner und seines Hauses Würde nicht angemessen sei. (2) Freigelassene als Soldaten hat Augustus, außer bei Bränden in Rom oder wenn ein Aufstand wegen gestiegener Getreidepreise befürchtet wurde, nur zweimal eingesetzt: einmal zum Schutz der Provinzen, die an das Illyricum[50] angrenzten, das andere Mal zur Sicherung des Rhein-

rum ad tutelam ripae Rheni fluminis; eosque, servos adhuc viris feminisque pecuniosioribus indictos ac sine mora manumissos, sub priore vexillo habuit, neque aut commixtos cum ingenuis aut eodem modo armatos.

(3) Dona militaria aliquanto facilius phaleras et torques, quicquid auro argentoque constaret, quam vallares ac murales coronas, quae honore praecellerent, dabat; has quam parcissime et sine ambitione ac saepe etiam caligatis tribuit. M. Agrippam in Sicilia post navalem victoriam caeruleo vexillo donavit. solos triumphales, quamquam et socios expeditionum et participes victoriarum suarum, numquam donis impertiendos putavit, quod ipsi quoque ius habuissent tribuendi ea quibus vellent. (4) nihil autem minus [in]perfecto duci quam festinationem temeritatemque convenire arbitrabatur. crebro itaque illa iactabat: σπεῦδε βραδέως· ›ἀσφαλὴς γάρ ἐστ᾽ ἀμείνων ἢ θρασὺς στρατηλάτης‹ et: ›sat celeriter fieri quidquid fiat satis bene‹. proelium quidem aut bellum suscipiendum omnino negabat, nisi cum maior emolumenti spes quam damni metus ostenderetur. nam minima commoda non minimo sectantis discrimine similes aiebat esse aureo hamo piscantibus, cuius abrupti damnum nulla captura pensari posset.

26 (1) Magistratus atque honores et ante tempus et quosdam novi generis perpetuosque cepit. consulatum vicesimo aetatis

ufers; und zwar ließ er diese, die noch als Sklaven von ziemlich begüterten Männern und Frauen gestellt und ohne Verzögerung freigelassen worden waren, in einer vorderen Abteilung kämpfen, wobei sie weder unter die Freigeborenen eingereiht noch auf dieselbe Art und Weise bewaffnet wurden.

(3) Als Auszeichnungen für den Kriegsdienst verlieh er viel eher Brustschmuck und Halsketten und andere Gegenstände aus Gold und Silber als Wall- und Mauerkronen, welche weitaus ehrenvoller waren; diese verteilte er aufs Sparsamste, ohne Ansehen der Person und oft sogar an gemeine Soldaten. M. Agrippa schenkte er in Sizilien nach dem Seesieg eine blaue Standarte. Er war der Meinung, dass nur die Feldherren, die bereits einen Triumph gefeiert hatten, niemals mit Geschenken bedacht werden dürften, auch wenn sie an den Feldzügen und an seinen Siegen beteiligt waren, weil sie selbst ebenfalls das Recht besessen hätten, Geschenke nach Belieben zu verteilen. (4) Augustus glaubte, für einen vollkommenen Feldherrn sei nichts weniger schicklich als Hast und Unbesonnenheit. Daher pflegte er häufig jene griechischen Worte zu zitieren: »Eile mit Weile« oder »Vorsicht ist nämlich für einen Heerführer besser als Verwegenheit«[51] und dazu auf Lateinisch: »Was gut genug getan wurde, ist auch schnell genug getan.« Eine Schlacht freilich oder einen Krieg dürfe man seiner Meinung nach überhaupt nur für den Fall unternehmen, wenn die Aussicht auf Nutzen größer scheine als die Furcht vor Schaden. Denn – so sagte er gewöhnlich – diejenigen, die sehr kleinen Gewinnen mit einem nicht geringen Aufwand nachjagten, glichen jenen, die mit einem goldenen Angelhaken angeln; reißt dieser, so könne der Schaden durch keinen Fang ersetzt werden.

26 (1) Ämter und Ehrenstellen hat Augustus teils vor dem gesetzlich vorgesehenen Zeitpunkt innegehabt, teils wurden ihm einige neuerer Art und auf Lebenszeit übertragen. Des

anno invasit admotis hostiliter ad urbem legionibus missisque qui sibi nomine exercitus deposcerent; cum quidem cunctante senatu Cornelius centurio, princeps legationis, reiecto sagulo ostendens gladii capulum non dubitasset in curia dicere: ›hic faciet, si vos non feceritis.‹ (2) secundum consulatum post novem annos, tertium anno interiecto gessit, sequentis usque ad undecimum continuavit, multisque mox, cum deferrentur, recusatis duodecimum magno, id est septemdecim annorum, intervallo et rursus tertium decimum biennio post ultro petit, ut C. et Lucium filios amplissimo praeditus magistratu suo quemque tirocinio deduceret in forum. (3) quinque medios consulatus a sexto ad decimum annuos gessit, ceteros aut novem aut sex aut quattuor aut tribus mensibus, secundum vero paucissimis horis. nam die Kal. Ian. cum mane pro aede Capitolini Iovis paululum curuli sella praesedisset, honore abiit suffecto alio in locum suum. nec omnes Romae, sed quartum consulatum in Asia, quintum in insula Samo, octavum et nonum Tarracone init.

27 (1) Triumviratum rei p. constituendae per decem annos administravit; in quo restitit quidem aliquamdiu collegis ne qua fieret proscriptio, sed inceptam utroque acerbius exercuit.

Konsulats bemächtigte er sich im Alter von 20 Jahren mit Gewalt, indem er die Legionen in feindseliger Absicht in die Nähe der Hauptstadt führte und Beauftragte entsandte, die für ihn im Namen des Heeres das Konsulat einfordern sollten; als freilich der Senat zögerte, schlug der Hauptmann Cornelius, der Führer der Gesandtschaft, den Kriegsmantel auf, zeigte auf den Knauf seines Schwerts und trug keine Bedenken, in der Kurie zu sagen: »Dies hier wird's tun, wenn ihr's nicht tut!« (2) Das zweite Konsulat bekleidete er nach neun Jahren, das dritte nach einer Unterbrechung von nur einem Jahr, die folgenden bis zum elften hat er hintereinander innegehabt.[52] Und viele Konsulate hat er später, obwohl sie ihm angetragen wurden, ausgeschlagen und hat sich erst nach einer langen Unterbrechung, das heißt nach 17 Jahren, von sich aus um das zwölfte Konsulat beworben und dann nach einem Zeitraum von zwei Jahren um das dreizehnte, um im Besitz des bedeutendsten Amts seine Söhne Gaius und Lucius zu ihrem ersten öffentlichen Auftritt auf das Forum zu führen. (3) Die mittleren fünf Konsulate, also vom sechsten bis zum zehnten, bekleidete er jeweils das ganze Jahr über, die übrigen entweder neun, sechs, vier oder drei Monate, das zweite aber nur sehr wenige Stunden lang; denn nachdem er am 1. Januar frühmorgens vor dem Tempel des Iuppiter Capitolinus auf seinem Amtsstuhl eine kurze Zeit den Vorsitz geführt hatte, legte er sein Ehrenamt nieder, wobei er einen Nachfolger bestimmte. Und nicht alle Konsulate trat er in Rom an, sondern das vierte in Kleinasien, das fünfte auf der Insel Samos, das achte und neunte in Tarraco.[53]

27 (1) Das Triumvirat zur Neuordnung des Staates verwaltete er zehn Jahre lang; dabei widersetzte er sich zwar eine Zeitlang seinen Kollegen, die Proskriptionen[54] vornehmen wollten; als diese aber begonnen worden waren, führte er sie rücksichtsloser aus als die anderen beiden. Denn während sich jene

namque illis in multorum saepe personam per gratiam et preces exorabilibus solus magno opere contendit ne cui parceretur, proscripsitque etiam C. Toranium tutorem suum, eundem collegam patris sui Octavi in aedilitate. (2) Iulius Saturninus hoc amplius tradit, cum peracta proscriptione M. Lepidus in senatu excusasset praeterita et spem clementiae in posterum fecisset, quoniam satis poenarum exactum esset, hunc e diverso professum, ita modum se proscribendi statuisse, ut omnia sibi reliquerit libera. in cuius tamen pertinaciae paenitentiam postea T. Vinium Philopoemenem, quod patronum suum proscriptum celasse olim diceretur, equestri dignitate honoravit. (3) in eadem hac potestate multiplici flagravit invidia. nam et Pinarium equitem R., cum contionante se admissa turba paganorum apud milites subscribere quaedam animadvertisset, curiosum ac speculatorem ratus coram confodi imperavit; et Tedium Afrum consulem designatum, quia factum quoddam suum maligno sermone carpsisset, tantis conterruit minis, ut is se praecipitaverit; (4) et Quintum Gallium praetorem, in officio salutationis tabellas duplices veste tectas tenentem, suspicatus gladium occulere, nec quicquam statim, ne aliud inveniretur, ausus inquirere, paulo post per centuriones et milites raptum e tribunali servilem in modum torsit ac fa-

bei der persönlichen Begegnung vielen Leuten gegenüber häufig gnädig zeigten und ihren Bitten nachgaben, drang Augustus als Einziger sehr darauf, dass niemandem Schonung gewährt werde; und er ächtete sogar seinen ehemaligen Vormund C. Toranius, der als Ädil Amtskollege seines Vaters Octavius gewesen war.[55] (2) Iulius Saturninus berichtet darüber hinaus: Während M. Lepidus nach Beendigung der Proskriptionen im Senat die vergangenen Vorkommnisse entschuldigt und für die Zukunft Hoffnung auf Milde in Aussicht gestellt hatte, weil genug Strafen vollzogen worden seien, erklärte Augustus im Gegensatz dazu öffentlich, er habe der Beendigung der Proskriptionen nur unter der Bedingung zugestimmt, dass er in allem freie Hand behalte. Doch um seine Reue über seine starre Haltung unter Beweis zu stellen, ehrte er später T. Vinius Philopoemen,[56] indem er ihn in den Ritterstand erhob, weil dieser seinen proskribierten Patron angeblich einst versteckt hatte. (3) In eben dieser Machtposition zog sich Augustus den Hass verschiedenster Kreise zu. Als er vor einer Versammlung von Soldaten eine Rede hielt, zu der auch Zivilpersonen zugelassen waren, und bemerkte, dass der römische Ritter Pinarius einige Aufzeichnungen machte, gab er den Befehl, diesen vor aller Augen niederzustechen, da er ihn für einen Spion und Spitzel hielt; Tedius Afer, der schon zum Konsul gewählt war, setzte er, weil dieser irgendeine Maßnahme von Augustus mit einer boshaften Bemerkung kritisiert hatte, mit so heftigen Drohungen in Angst und Schrecken, dass er sich in den Tod stürzte. (4) Den Prätor Quintus Gallius, der bei einer offiziellen Begrüßung eine zusammengeklappte Schreibtafel unter dem Gewand versteckt hielt, verdächtigte er, ein Schwert zu verbergen, wagte es aber nicht, ihn sofort durchsuchen zu lassen, aus Furcht, es könne etwas anderes gefunden werden; kurz darauf ließ er ihn durch Hauptleute und Soldaten von seinem Richterstuhl fortreißen, ihn nach Skla-

tentem nihil iussit occidi prius oculis eius sua manu effossis; quem tamen scribit conloquio petito insidiatum sibi coniectumque a se in custodiam, deinde urbe interdicta dimissum naufragio vel latronum insidiis perisse. (5) tribuniciam potestatem perpetuam recepit, in qua semel atque iterum per singula lustra collegam sibi cooptavit. recepit et morum legumque regimen aeque perpetuum, quo iure, quamquam sine censurae honore, censum tamen populi ter egit, primum ac tertium cum collega, medium solus.

28 (1) De reddenda re p. bis cogitavit: primum post oppressum statim Antonium, memor obiectum sibi ab eo saepius, quasi per ipsum staret ne redderetur; ac rursus taedio diuturnae valitudinis, cum etiam magistratibus ac senatu domum accitis rationarium imperii tradidit. sed reputans et se privatum non sine periculo fore et illam plurium arbitrio temere committi, in retinenda perseveravit, dubium eventu meliore an voluntate. (2) quam voluntatem, cum prae se identidem ferret, quodam etiam edicto his verbis testatus est: ›ita mihi salvam ac sospitem rem p. sistere in sua sede liceat atque eius rei fructum

venart foltern und, obwohl er kein Geständnis abgelegt hatte, hinrichten, wobei er ihm zuvor eigenhändig die Augen ausgestochen hatte. Augustus jedoch schreibt dazu Folgendes: Gallius habe auf ihn, als auf sein Ersuchen hin ein Gespräch stattfand, einen Anschlag verübt und sei dafür von ihm ins Gefängnis geworfen worden; nachdem er dann aus der Stadt verbannt worden war, sei er entlassen worden und habe bei einem Schiffbruch oder durch Straßenräuber sein Leben verloren. (5) Die tribunizische Gewalt[57] übernahm Augustus auf Lebenszeit, wobei er sich zweimal, jeweils für einen Zeitraum von fünf Jahren, einen Amtskollegen hinzuwählte. Er übernahm auch die Aufsicht über die Sitten und Gesetze, und zwar ebenfalls auf Lebenszeit; aufgrund dieser rechtlichen Befugnis führte er, obwohl er nicht das Amt des Zensors innehatte, trotzdem dreimal eine Volkszählung durch, die erste und dritte zusammen mit einem Amtskollegen, die zweite allein.[58]

28 (1) Zweimal hat Augustus daran gedacht, die Staatsmacht wieder aus den Händen zu geben: das erste Mal sofort nachdem er Antonius niedergerungen hatte, weil er sich an dessen oftmaligen Vorwurf erinnerte, er selbst stehe sozusagen der Wiederherstellung der ehemaligen Staatsform im Wege; das zweite Mal, als er, zermürbt von einer langwierigen Krankheit, sogar die Amtsträger und den Senat in sein Haus kommen ließ und ihnen das Staatshaushaltsbuch aushändigte. Aber er trug der Tatsache Rechnung, dass er auch als Privatmann nicht ohne Gefahr leben werde und dass es unüberlegt sei, den Staat der Willkür einer Vielzahl von Personen auszuliefern; deshalb behielt er die Staatsmacht weiterhin, wobei schwer zu entscheiden ist, ob der Erfolg besser war oder die Absicht. (2) Diese Absicht bekundete er immer wieder öffentlich und bezeugte sie auch in einem Edikt mit folgenden Worten: »Es möge mir vergönnt sein, den Staat auf eine gesunde und sichere Grundlage zu stellen und dafür den Erfolg zu verbuchen, nach dem ich

percipere, quem peto, ut optimi status auctor dicar et moriens ut feram mecum spem, mansura in vestigio suo fundamenta rei p. quae iecero.‹ fecitque ipse se compotem voti nisus omni modo, ne quem novi status paeniteret.

(3) Urbem neque pro maiestate imperii ornatam et inundationibus incendiisque obnoxiam excoluit adeo, ut iure sit gloriatus ›marmoream se relinquere, quam latericiam accepisset‹. tutam vero, quantum provideri humana ratione potuit, etiam in posterum praestitit.

29 (1) Publica opera plurima extruxit, e quibus vel praecipua: forum cum aede Martis Ultoris, templum Apollinis in Palatio, aedem Tonantis Iovis in Capitolio. fori extruendi causa fuit hominum et iudiciorum multitudo, quae videbatur non sufficientibus duobus etiam tertio indigere; itaque festinatius necdum perfecta Martis aede publicatum est cautumque, ut separatim in eo publica iudicia et sortitiones iudicum fierent. (2) aedem Martis bello Philippensi pro ultione paterna suscepto voverat; sanxit ergo, ut de bellis triumphisque hic consuleretur senatus, provincias cum imperio petituri hinc deducerentur, quique victores redissent, huc insignia triumphorum conferrent. (3) templum Apollinis in ea parte Palatinae

strebe, nämlich Begründer der besten Verfassung genannt zu werden, und bei meinem Tod in mir die Hoffnung zu tragen, dass die Grundlagen des Staates, die ich geschaffen habe, stets erhalten bleiben werden.« Und er erfüllte sich seinen Wunsch, indem er auf jede Art und Weise danach trachtete, dass niemandem die neuen Verhältnisse missfielen.

(3) Rom, das nicht entsprechend der Würde des Reichs baulich ausgestattet und Überschwemmungen und Feuersbrünsten ausgesetzt war, hat er in einem solchen Maß verschönern lassen, dass er sich mit Recht rühmen konnte, »eine Stadt aus Marmor zu hinterlassen, während er eine aus Ziegeln übernommen habe«. Er sicherte die Stadt, soweit nach menschlichem Ermessen Vorsichtsmaßregeln getroffen werden konnten, sogar für die Zukunft.

29 (1) Er errichtete sehr viele öffentliche Bauwerke, deren bedeutendsten die folgenden sind: ein Forum mit dem Tempel des Mars Ultor, der Apollo-Tempel auf dem Palatin, der Tempel des Iuppiter Tonans auf dem Kapitol. Der Grund für die Errichtung eines Forums war die große Anzahl von Menschen und Prozessen, die noch ein drittes[59] Forum zu erfordern schien, da zwei nicht mehr ausreichten; daher wurde es recht eilig, obwohl der Mars-Tempel noch nicht vollendet war, für die Öffentlichkeit freigegeben, und es wurde dafür gesorgt, dass auf ihm öffentliche Prozesse und Auslosungen der Richter gesondert stattfanden. (2) Den Mars-Tempel hatte er gelobt, als er den Krieg von Philippi zur Rache für seinen Vater aufgenommen hatte;[60] er ordnete daher an, dass sich der Senat hier über Kriege und Triumphe beraten, dass von dort denjenigen das Ehrengeleit gegeben werden sollte, die mit militärischem Kommando ausgestattet in ihre Provinzen aufbrachen, und dass hier die als Sieger Zurückkehrenden die Abzeichen ihrer Triumphe[61] deponieren sollten. (3) Den Tempel des Apollo ließ er in dem Teil seines Hauses auf dem Palatin erbauen, den

domus excitavit, quam fulmine ictam desiderari a deo haruspices pronuntiarant; addidit porticus cum bibliotheca Latina Graecaque, quo loco iam senior saepe etiam senatum habuit decuriasque iudicum recognovit. Tonanti Iovi aedem consecravit liberatus periculo, cum expeditione Cantabrica per nocturnum iter lecticam eius fulgur praestrinxisset servumque praelucentem exanimasset. (4) quaedam etiam opera sub nomine alieno, nepotum scilicet et uxoris sororisque fecit, ut porticum basilicamque Gai et Luci, item porticus Liviae et Octaviae theatrumque Marcelli. sed et ceteros principes viros saepe hortatus est, ut pro facultate quisque monimentis vel novis vel refectis et excultis urbem adornarent. (5) multaque a multis tunc extructa sunt, sicut a Marcio Philippo aedes Herculis Musarum, a L. Cornificio aedes Dianae, ab Asinio Pollione atrium Libertatis, a Munatio Planco aedes Saturni, a Cornelio Balbo theatrum, a Statilio Tauro amphitheatrum, a M. vero Agrippa complura et egregia.

30 (1) Spatium urbis in regiones vicosque divisit instituitque, ut illas annui magistratus sortito tuerentur, hos magistri e plebe cuiusque viciniae lecti. adversus incendia excubias nocturnas vigilesque commentus est; ad coercendas inundationes alveum Tiberis laxavit ac repurgavit completum olim ruderi-

sich der Gott, indem er dort einen Blitz hatte einschlagen lassen, wünschte – so hatten es die Eingeweideschauer[62] verkündet; daran anschließend ließ er Säulenhallen mit einer lateinischen und griechischen Bibliothek errichten, wo er, als er schon älter war, auch Senatssitzungen abzuhalten pflegte und die Dekurien der Richter überprüfte. Dem Iuppiter Tonans weihte er einen Tempel für seine Rettung aus Gefahr, da auf dem Feldzug in Kantabrien bei einem nächtlichen Marsch seine Sänfte vom Blitz gestreift und der Sklave, der ihm das Licht vorantrug, getötet worden war. (4) Einige Bauwerke ließ er auch im Namen anderer errichten, zum Beispiel seiner Enkel, seiner Gattin und seiner Schwester, wie die Säulenhalle und die Basilika des Gaius und Lucius; desgleichen die Säulenhallen der Livia und Octavia und das Theater des Marcellus. Aber er forderte häufig auch die übrigen führenden Männer Roms auf, es solle ein jeder entsprechend seinen Möglichkeiten die Stadt schmücken, entweder durch neue oder durch die Wiederherstellung und Verschönerung alter Denkmäler. (5) Und zahlreiche Bauten wurden damals von vielen errichtet, wie zum Beispiel von Marcius Philippus der Tempel des Herkules der Musen, von L. Cornificius der Tempel der Diana, von Asinius Pollio die Halle der Freiheitsgöttin, von Munatius Plancus der Tempel des Saturn, von Cornelius Balbus ein Theater, von Statilius Taurus ein Amphitheater und von M. Agrippa gar mehrere herrliche Bauten.

30 (1) Das Stadtgebiet teilte er in Bezirke und Stadtteile ein und traf folgende Anordnung: Über die Bezirke sollten jährlich durch das Los bestimmte Magistrate Aufsicht führen, über die Stadtteile Vorsteher, die von der Bevölkerung eines jeden Stadtteils gewählt wurden. Gegen Feuersbrünste setzte er nächtliche Wachposten und Feuerwehrleute ein; um die Überschwemmungen unter Kontrolle zu bringen, ließ er das Tiberbett verbreitern und reinigen, das schon lange mit Schutt

bus et aedificiorum prolationibus coartatum. quo autem facilius undique urbs adiretur, desumpta sibi Flaminia via Arimino tenus munienda reliquas triumphalibus viris ex manubiali pecunia sternendas distribuit.

(2) Aedes sacras vetustate conlapsas aut incendio absumptas refecit easque et ceteras opulentissimis donis adornavit, ut qui in cellam Capitolini Iovis sedecim milia pondo auri gemmasque ac margaritas quingenties sestertium una donatione contulerit.

31 (1) Postquam vero pontificatum maximum, quem numquam vivo Lepido auferre sustinuerat, mortuo demum suscepit, quidquid fatidicorum librorum Graeci Latinique generis nullis vel parum idoneis auctoribus vulgo ferebatur, supra duo milia contracta undique cremavit ac solos retinuit Sibyllinos, hos quoque dilectu habito; condiditque duobus forulis auratis sub Palatini Apollinis basi. (2) annum a Divo Iulio ordinatum, sed postea neglegentia conturbatum atque confusum, rursus ad pristinam rationem redegit; in cuius ordinatione Sextilem mensem e suo cognomine nuncupavit magis quam Septembrem quo erat natus, quod hoc sibi et primus consulatus et insignes victoriae optigissent. (3) sacerdotum et numerum et dignitatem sed et commoda auxit, praecipue Vestalium virginum. cumque in demortuae locum aliam capi oporteret

gefüllt und durch Gebäudeerweiterungen eingeengt worden war. Damit aber die Stadt von allen Seiten leichter zu erreichen sei, übernahm er selbst den Ausbau der Via Flaminia bis nach Ariminum und verteilte auf die Triumphatoren die übrigen Straßen, die sie aus dem Geld ihres Beuteanteils pflastern lassen mussten.

(2) Sakralbauten, die infolge ihres Alters verfallen oder durch Feuer vernichtet waren, ließ er wiederherstellen und stattete diese und die übrigen mit besonders reichen Geschenken aus; so brachte er etwa für die Cella des Iuppiter Capitolinus 16 000 Pfund Gold, Edelsteine und Perlen im Wert von 50 Millionen Sesterzen in einer einzigen Schenkung auf.

31 (1) Als aber Augustus das höchste Priesteramt, das er zu Lebzeiten des Lepidus diesem nicht hatte nehmen wollen, nach dessen Tod endlich bekleidete, ließ er alles, was an griechischen und lateinischen Orakelbüchern – sei es von unbekannten oder von unzuverlässigen Verfassern – vorhanden war, zusammentragen, über 2000 Schriften, und verbrannte sie; lediglich die Sibyllinischen Bücher[63] behielt er zurück, und auch unter diesen traf er noch eine Auswahl und verwahrte sie in zwei vergoldeten Bücherschränken unter dem Sockel des palatinischen Apollo. (2) Den vom göttlichen Iulius [Caesar] neu geregelten Kalender, der aber später durch Nachlässigkeit völlig durcheinander geraten war, brachte er wieder in die frühere Ordnung. Bei der Neuregelung verlieh er dem Monat Sextilis seinen Beinamen [Augustus] und zog dabei diesen Monat dem September vor, in dem er geboren war, weil er im August sowohl das erste Konsulat als auch bedeutende Siege errungen hatte. (3) Die Zahl und die Würde der Priesterstellen, aber auch die finanziellen Vergünstigungen erhöhte er, insbesondere die der Vestalischen Jungfrauen. Und als es notwendig wurde, für eine verstorbene Priesterin eine Nachfolgerin zu bestimmen, und viele Eltern darum nachsuchten, dass ihre Töchter von der

ambirentque multi ne filias in sortem darent, adiuravit, si cuiusquam neptium suarum competeret aetas, oblaturum se fuisse eam. (4) nonnulla etiam ex antiquis caerimonis paulatim abolita restituit, ut Salutis augurium, Diale flamonium, sacrum Lupercale, ludos Saeculares et Compitalicios. Lupercalibus vetuit currere inberbes, item Saecularibus ludis iuvenes utriusque sexus prohibuit ullum nocturnum spectaculum frequentare nisi cum aliquo maiore natu propinquorum. Compitales Lares ornari bis anno instituit vernis floribus et aestivis.

(5) Proximum a dis immortalibus honorem memoriae ducum praestitit, qui imperium p. R. ex minimo maximum reddidissent. itaque et opera cuiusque manentibus titulis restituit et statuas omnium triumphali effigie in utraque fori sui porticu dedicavit, professus e[s]t edicto: ›commentum id se, ut ad illorum ⟨…⟩ velut ad exemplar et ipse, dum viveret, et insequentium aetatium principes exigerentur a civibus.‹ Pompei quoque statuam contra theatri eius regiam marmoreo Iano superposuit translatam e curia, in qua C. Caesar fuerat occisus.

32 (1) Pleraque pessimi exempli in perniciem publicam aut ex consuetudine licentiaque bellorum civilium duraverant aut per

Auslosung verschont blieben, gab Augustus die eidliche Versicherung, dass er, wenn eine seiner Enkelinnen das vorgeschriebene Alter erreicht hätte, diese von sich aus vorschlagen werde. (4) Er setzte sogar einige alte Zeremonien, die nach und nach abgeschafft worden waren, wieder neu ein, wie zum Beispiel das Augurium[64] für das Wohl des Staates, das Amt des Iuppiterpriesters, das Luperkalienfest[65], die Jahrhundertspiele[66] und das Kompitalienfest[67]. Beim Luperkalienfest verbot er es jungen Männern, die noch keinen Bart hatten, am Festlauf teilzunehmen; ebenso untersagte er jungen Leuten beiderlei Geschlechts, an den Hundertjahrspielen ein nächtliches Schauspiel zu besuchen, wenn sie nicht von einem älteren Verwandten begleitet waren. Ferner verordnete er, dass an den Straßenkreuzungen die Schutzgottheiten der Verstorbenen zweimal im Jahr mit Frühlings- und Sommerblumen geschmückt werden sollten.

(5) Nächst den unsterblichen Göttern ehrte Augustus das Andenken an jene Feldherren, die das Reich des römischen Volkes aus den bescheidensten Anfängen zum größten Herrschaftsgebiet gemacht hatten. Deshalb ließ er unter Beibehaltung der Inschriften die Bauwerke einer jeden Persönlichkeit wieder aufrichten und weihte ihnen allen in den beiden Säulenhallen seines Forums Statuen, die sie als Triumphatoren darstellten; in einem Edikt gab er öffentlich bekannt: »Damit habe ich beabsichtigt, dass ich, solange ich lebe, von den Bürgern gemäß dem Vorbild dieser großen Männer beurteilt werde und ebenso die Kaiser der folgenden Generationen.« Auch das Standbild des Pompeius ließ er aus dem Rathaus, in dem C. Caesar ermordet worden war, fortschaffen und gegenüber der Säulenhalle des Pompeius-Theaters über dem marmornen Ianus-Bogen aufstellen.

32 (1) Zum Verderben des Staates waren sehr viele Übelstände entweder als Folge von Gewöhnung und Willkür der Bür-

pacem etiam extiterant. nam et grassatorum plurimi palam se ferebant succincti ferro, quasi tuendi sui causa, et rapti per agros viatores sine discrimine liberi servique ergastulis possessorum supprimebantur, et plurimae factiones titulo collegi novi ad nullius non facinoris societatem coibant. igitur grassaturas dispositis per oportuna loca stationibus inhibuit, ergastula recognovit, collegia praeter antiqua et legitima dissolvit. (2) tabulas veterum aerari debitorum, vel praecipuam calumniandi materiam, ex[c]ussit; loca in urbe publica iuris ambigui possessoribus adiudicavit; diuturnorum reorum et ex quorum sordibus nihil aliud quam voluptas inimicis quaereretur nomina abolevit condicione proposita, ut si quem quis repetere vellet, par periculum poenae subiret. ne quod autem maleficium negotiumve inpunitate vel mora elaberetur, triginta amplius dies, qui honoraris ludis occupabantur, actui rerum accommodavit. (3) ad tris iudicum decurias quartam addidit ex inferiore censu, quae ducenariorum vocaretur iudicaretque de levioribus summis. iudices a tricensimo aetatis anno adlegit, id est

gerkriege bestehen geblieben oder sogar erst während der Friedenszeit entstanden. Denn sehr viele Wegelagerer zeigten sich in aller Öffentlichkeit mit einem Schwert an der Seite, so wie wenn sie sich schützen müssten, und auf freiem Feld wurden Reisende, ohne Unterschied, ob es sich um Freie oder Sklaven handelte, entführt und verschwanden in den Arbeitshäusern der Großgrundbesitzer. Darüber hinaus bildeten sich unter dem Namen einer neuen Genossenschaft zahlreiche Vereinigungen, deren Zweck darin bestand, alle nur denkbaren Verbrechen zu begehen. Deshalb gebot Augustus dadurch, dass er an geeigneten Plätzen Wachen aufstellte, der Wegelagerei Einhalt, unterzog die Arbeitshäuser einer genauen Kontrolle und löste die Genossenschaften mit Ausnahme der alten und rechtmäßigen auf. (2) Die Urkunden alter Schuldner der Staatskasse ließ Augustus als brisanten Stoff für Verleumdungen vernichten; staatliche Grundstücke in der Stadt, deren Besitzverhältnisse strittig waren, erkannte er den ursprünglichen Eigentümern zu. Die Namen derer, die bereits seit sehr langer Zeit auf der Anklagebank saßen und deren erbärmliche Lage den Gegnern nichts als Vergnügen bereitete, ließ er streichen; darüber hinaus bestimmte er, dass derjenige, der einen dieser Leute erneut vor Gericht stelle, ebenfalls Gefahr laufen solle, bestraft zu werden.[68] Um aber zu verhindern, dass ein Verbrechen ungesühnt blieb oder ein Rechtsstreit sich in die Länge zog, ordnete er an, mehr als 30 Tage, an denen wegen der Spiele zu Ehren des Volkes keine Verhandlungen stattzufinden pflegten, für die Prozesse anzusetzen. (3) Den drei Dekurien von Richtern fügte er eine vierte hinzu, die sich aus Richtern einer geringeren Vermögensklasse zusammensetzte; diese wurde daher die Klasse der *ducenarii*[69] genannt und war mit Prozessen befasst, in denen es um geringere Streitsummen ging. Zu Richtern verpflichtete er Personen, die das 30. Lebensjahr erreicht hatten, das heißt fünf Jahre früher, als es sonst üblich

quinquennio maturius quam solebant. ac plerisque iudicandi munus detractantibus vix concessit, ut singulis decuriis per vices annua vacatio esset et ut solitae agi Novembri ac Decembri mense res omitterentur.

33 (1) Ipse ius dixit assidue et in noctem nonnumquam, si parum corpore valeret, lectica pro tribunali collocata vel etiam domi cubans. dixit autem ius non diligentia modo summa sed et lenitate, siquidem manifesti parricidii reum, ne culleo insueretur, quod non nisi confessi adficiuntur hac poena, ita fertur interrogasse: ›certe patrem tuum non occidisti?‹ (2) et cum de falso testamento ageretur omnesque signatores lege Cornelia tenerentur, non tantum duas tabellas, damnatoriam et absolutoriam, simul cognoscentibus dedit, sed tertiam quoque, qua ignosceretur iis, quos fraude ad signandum vel errore inductos constitisset. (3) appellationes quotannis urbanorum quidem litigatorum praetori delegabat urbano, at provincialium consularibus viris, quos singulos cuiusque provinciae negotiis praeposuisset.

34 (1) Leges retractavit et quasdam ex integro sanxit, ut sumptuariam et de adulteriis et de pudicitia, de ambitu, de maritandis ordinibus. hanc cum aliquanto severius quam ceteras

war. Und angesichts der Tatsache, dass sehr viele das Richteramt ablehnten, machte er, wenn auch widerstrebend, das Zugeständnis, dass die einzelnen Richterdekurien abwechselnd ein Jahr lang von ihrer Tätigkeit freigestellt werden und dass von nun an in den Monaten November und Dezember die Amtsgeschäfte ruhen sollten.

33 (1) Augustus sprach selbst unablässig Recht, manchmal sogar bis in die Nacht hinein; wenn er sich zu schwach fühlte, tat er dies von einer Sänfte aus, die vor der Richtertribüne aufgestellt war, oder sogar in seinem Haus von seinem Lager aus. Recht sprach er aber nicht nur mit allergrößter Sorgfalt, sondern auch mit großer Milde; einem Angeklagten, der eines offensichtlichen Vatermordes bezichtigt wurde, soll Augustus, um ihm die Todesstrafe durch Ertränken im Sack zu ersparen, die nur bei einem Geständnis verhängt wurde, die Frage gestellt haben: »Du hast doch deinen Vater bestimmt nicht ermordet?« (2) Und als einmal wegen einer Testamentsfälschung verhandelt wurde und alle, die ihre Unterschrift geleistet hatten, gegen die Bestimmungen des Cornelischen Gesetzes[70] verstoßen hatten, gab er denen, die mit ihm als Untersuchungsrichter tätig waren, nicht nur zwei Stimmtäfelchen für Verurteilung und Freispruch, sondern noch ein drittes, mit dem sie diejenigen begnadigen konnten, die erwiesenermaßen einem Betrug zum Opfer gefallen oder einem Irrtum erlegen waren. (3) Die Berufungen legte er, falls die Prozessführer ihren Wohnsitz in Rom hatten, jedes Jahr in die Verantwortung des Stadtprätors, solche der Provinzialen in die Verantwortung ehemaliger Konsuln, wobei er jeweils einem die Rechtsfälle in einer jeden Provinz zuwies.

34 (1) Die Gesetze hat Augustus umgeschrieben und einige neu eingeführt: etwa das Luxusgesetz, das Gesetz über Ehebruch und über Verletzung der Sittsamkeit, über Amtserschleichung und über die Eheordnung in den Ständen. Da er dieses

emendasset, prae tumultu recusantium perferre non potuit nisi adempta demum lenitave parte poenarum et vacatione trienni data auctisque praemiis. (2) sic quoque abolitionem eius publico spectaculo pertinaciter postulante equite, accitos Germanici liberos receptosque partim ad se partim in patris gremium ostentavit, manu vultuque significans ne gravarentur imitari iuvenis exemplum. cumque etiam inmaturitate sponsarum et matrimoniorum crebra mutatione vim legis eludi sentiret, tempus sponsas habendi coartavit, divortiis modum imposuit.

35 (1) Senatorum affluentem numerum deformi et incondita turba – erant enim super mille, et quidam indignissimi et post necem Caesaris per gratiam et praemium adlecti, quos orcinos vulgus vocabat – ad modum pristinum et splendorem redegit duabus lectionibus: prima ipsorum arbitratu, quo vir virum legit, secunda suo et Agrippae; quo tempore existimatur lorica sub veste munitus ferroque cinctus praesedisse decem valentissimis senatorii ordinis amicis sellam suam circumstantibus.

letztere Gesetz erheblich strenger formuliert hatte als die übrigen, vermochte er es angesichts der unüberhörbaren Proteste nur dadurch durchzusetzen, dass er schließlich einen Teil der Strafen aufhob oder milderte sowie für die Wiederverheiratung eine Frist von drei Jahren gewährte und die Belohnungen erhöhte. (2) Als der Ritterstand während eines öffentlichen Schauspiels auch die Aufhebung dieses Gesetzes hartnäckig forderte, ließ er die Kinder des Germanicus herbeiholen, nahm sie teils selbst auf den Arm, teils setzte er sie auf den Schoß des Vaters und zeigte sie so in aller Öffentlichkeit; durch Gestik und Mimik bedeutete er, dass man es nicht als bedrückend empfinden solle, dem Beispiel dieses jungen Mannes zu folgen. Und weil Augustus einsah, dass man durch Verlobung mit noch nicht heiratsfähigen Mädchen und durch häufigen Wechsel der Ehepartner die Wirksamkeit des Gesetzes vereitelte, verkürzte er die Dauer der Verlöbnisse und schränkte die Ehescheidungen ein.

35 (1) Der Senat war durch die ungewöhnlich hohe Zahl seiner Mitglieder zu einem ehrlosen und undisziplinierten Haufen degeneriert – es gab nämlich über 1000 Senatoren, unter ihnen einige ganz und gar unwürdige, die nach der Ermordung Caesars durch Protektion und Bestechung Aufnahme in den Senat gefunden hatten und allgemein als *orcini*[71] bezeichnet wurden. Augustus setzte wieder die ursprüngliche Zahl der Senatoren fest und gab ihnen ihren alten Glanz zurück, und zwar durch zweimalige Überprüfung der Senatorenliste: Die erste nahmen die Senatoren selbst nach eigenem Ermessen vor, wobei jedes Mitglied ein anderes durch Wahl bestimmte, die zweite führten Augustus persönlich und Agrippa durch. Bei dieser Aktion soll er unter seinem Gewand ein Panzerhemd getragen haben und mit einem Schwert am Gürtel den Vorsitz übernommen haben, während sich um seinen Amtsstuhl zehn außergewöhnlich kräftige Freunde scharten, die

(2) Cordus Cremutius scribit ne admissum quidem tunc quemquam senatorum nisi solum et praetemptato sinu. quosdam ad excusandi se verecundiam compulit servavitque etiam excusantibus insigne vestis et spectandi in orchestra epulandique publice ius. (3) quo autem lecti probatique et religiosius et minore molestia senatoria munera fungerentur, sanxit, ut prius quam consideret quisque ture ac mero supplicaret apud aram eius dei, in cuius templo coiretur, et ne plus quam bis in mense legitimus senatus ageretur, Kalendis et Idibus, neve Septembri Octobrive mense ullos adesse alios necesse esset quam sorte ductos, per quorum numerum decreta confici possent; sibique instituit consilia sortiri semenstria, cum quibus de negotiis ad frequentem senatum referendis ante tractaret. (4) sententias de maiore negotio non more atque ordine sed prout libuisset perrogabat, ut perinde quisque animum intenderet ac si censendum magis quam adsentiendum esset.

36 Auctor et aliarum rerum fuit, in quis: ne acta senatus publicarentur, ne magistratus deposito honore statim in provincias mitterentur, ut proconsulibus ad mulos et tabernacula,

dem Ritterstand angehörten. (2) Cordus Cremutius[72] schreibt, es sei damals nur demjenigen Senator Zutritt gewährt worden, der allein war und dessen Toga zuvor einer genauen Durchsuchung unterzogen worden war. Einige Senatoren veranlasste Augustus dazu, den Anstand zu wahren und Entschuldigungsgründe für ihren Rücktritt vorzubringen, und gestattete ihnen dafür, weiterhin das Senatorengewand zu tragen, in der Orchestra Platz zu nehmen und an den öffentlichen Festessen teilzunehmen. (3) Damit aber die ausgewählten und von Augustus bestätigten Senatoren ihre Aufgaben umso frommer, aber mit weniger Beschwernis erfüllen konnten, legte er fest, dass ein jeder, bevor er seinen Platz einnahm, am Altar des Gottes, in dessen Tempel die Zusammenkunft abgehalten wurde, unter Opferung von Weihrauch und reinem Wein die Götter anflehen solle und dass die ordentlichen Senatssitzungen nicht öfter als zweimal im Monat stattzufinden hätten, nämlich an den Kalenden und an den Iden, und dass im September und Oktober nur so viele durch das Los bestimmte Senatoren anwesend sein mussten, dass sie rechtmäßige Beschlüsse fassen konnten. Zu seiner eigenen Entlastung richtete er Ausschüsse ein – die Mitglieder wurden für sechs Monate ausgelost –, in denen er im Voraus die Fälle durchsprechen konnte, die dem gesamten Senat vorgelegt werden sollten. (4) Die Ansichten über wichtigere Angelegenheiten holte er nicht in der üblichen Reihenfolge ein, sondern wie es ihm gerade beliebte, damit auf diese Weise ein jeder so bei der Sache wäre, wie wenn er ein eigenes Urteil abgeben und nicht bloß zustimmen müsse.

36 Augustus führte auch noch andere Neuerungen ein, unter anderem die folgenden: Er erließ das Verbot, die Senatsprotokolle zu veröffentlichen und die Amtsträger sofort nach Beendigung ihrer Amtszeit in die Provinzen zu entsenden; hingegen verordnete er, dass den Prokonsularen für die Be-

quae publice locari solebant, certa pecunia constitueretur, ut cura aerari a quaestoribus urbanis ad praetorios praetoresve transiret, ut centumviralem hastam quam quaesturam functi consuerant cogere decemviri cogerent.

37 Quoque plures partem administrandae rei p. caperent, nova officia excogitavit: curam operum publicorum, viarum, aquarum, alvei Tiberis, frumenti populo dividundi, praefecturam urbis, triumviratum legendi senatus et alterum recognoscendi turmas equitum, quotiensque opus esset. censores creari desitos longo intervallo creavit. numerum praetorum auxit. exegit etiam, ut quotiens consulatus sibi daretur, binos pro singulis collegas haberet, nec optinuit, reclamantibus cunctis satis maiestatem eius imminui, quod honorem eum non solus sed cum altero gereret.

38 (1) Nec parcior in bellica virtute honoranda, super triginta ducibus iustos triumphos et aliquanto pluribus triumphalia ornamenta decernenda curavit.

(2) Liberis senatorum, quo celerius rei p. assuescerent, protinus virili toga latum clavum induere et curiae interesse permisit militiamque auspicantibus non tribunatum modo legio-

schaffung von Mauleseln und Zelten, die zuvor gewöhnlich aus öffentlichen Mitteln erfolgt war, lediglich eine festgesetzte Summe gewährt wurde; sodann, dass die Aufsicht über die Staatskasse von den städtischen Quästoren auf die ehemaligen oder amtierenden Prätoren überging; und schließlich, dass das Hundertmännergericht[73] nicht mehr wie zuvor von den ehemaligen Quästoren, sondern von den Decemvirn einberufen werden sollte.

37 Damit sich noch mehr Personen an der Verwaltung des Staates beteiligten, erfand Augustus neue Ämter: Aufsicht über öffentliche Bauten, über die Wege und Wasserleitungen, über die Reinhaltung des Tibers, über die Getreideverteilung an das Volk, eine Stadtpräfektur, ein Triumvirat für die Senatorenwahl und ein weiteres zur Prüfung der Reiterabteilungen, sooft sich die Notwendigkeit dazu ergab. Er ließ Zensoren wählen, was lange Zeit nicht mehr geschehen war. Die Zahl der Prätoren erhöhte er. Er stellte auch die Forderung, dass er, sooft ihm das Konsulat angetragen werde, zwei anstatt nur eines Kollegen zur Seite habe; diese Forderung vermochte er nicht durchzusetzen, da alle laut Widerspruch einlegten; sein Ansehen werde bereits dadurch genug geschmälert, dass er dieses Ehrenamt nicht allein, sondern mit einem zweiten Kollegen ausübe.

38 (1) Und nicht zurückhaltender gab er sich auch bei der Belohnung von Tapferkeit im Krieg und ließ über 30 Feldherren richtige Triumphe und einer weitaus größeren Anzahl die Triumphalabzeichen[74] zuerkennen.

(2) Damit sich die Kinder von Senatoren umso schneller für eine Tätigkeit im Staatsdienst entschieden, erlaubte er ihnen, sogleich nach Erhalt der Männertoga das Senatorengewand anzulegen und an den Senatssitzungen teilzunehmen; und denen, die sich für den Militärdienst entschieden, gab er nicht nur eine Stelle als Legionstribun, sondern auch als Führer einer

num, sed et praefecturas alarum dedit; ac ne qui expers castrorum esset, binos plerumque laticlavios praeposuit singulis alis.

(3) Equitum turmas frequenter recognovit, post longam intercapedinem reducto more travectionis. sed neque detrahi quemquam in travehendo ab accusatore passus est, quod fieri solebat, et senio vel aliqua corporis labe insignibus permisit, praemisso in ordine equo, ad respondendum quotiens citarentur pedibus venire; mox reddendi equi gratiam fecit eis, qui maiores annorum quinque et triginta retinere eum nollent.

39 Impetratisque a senatu decem adiutoribus unum quemque equitum rationem vitae reddere coegit atque in exprobratis alios poena, alios ignominia notavit, plures admonitione, sed varia. lenissimum genus admonitionis fuit traditio coram pugillarium, quos taciti et ibidem statim legerent; notavitque aliquos, quod pecunias levioribus usuris mutuati graviore faenore collocassent.

40 (1) Ac comitiis tribuniciis si deessent candidati senatores, ex equitibus R. creavit, ita ut potestate transacta in utro vellent ordine manerent. cum autem plerique equitum attrito bellis civilibus patrimonio spectare ludos e quattuordecim non au-

Reiterschwadron. Und damit niemand ohne Erfahrung im Militärdienst sei, stellte er meist je zwei Senatorensöhne an die Spitze einer Schwadron.

(3) Die Ritterabteilungen unterzog er häufig einer Prüfung, nachdem er die Sitte der Musterung nach langer Unterbrechung wieder eingeführt hatte. Er duldete aber nicht, dass irgendjemand im Verlauf der Musterung von einem Ankläger vom Pferd gezogen wurde, wie es sonst zu geschehen pflegte; und den Älteren oder denen, die ein körperliches Gebrechen hatten, erlaubte er, das Pferd während der Parade in der Reihe vorausführen zu lassen, und sooft sie namentlich aufgerufen wurden, zu Fuß zu kommen; bald darauf gestattete er denen, die älter als 35 Jahre waren, das Pferd abzugeben, wenn sie es nicht mehr behalten wollten.

39 Nachdem er sich vom Senat zehn Helfer erbeten hatte, zwang er einen jeden Ritter, einen Rechenschaftsbericht über seine Lebensführung abzugeben; und gegen die, bei denen er Grund zur Klage hatte, verordnete er teils Geld-, teils Ehrenstrafen, meistens aber sprach er unterschiedliche Verwarnungen aus. Die mildeste Art der Ermahnung bestand in der öffentlichen Übergabe einer Schreibtafel, die schweigend an Ort und Stelle sofort gelesen werden musste. Er tadelte auch einige, weil sie Geld, das sie zu einem recht niedrigen Zinsfuß geliehen, zu einem höheren weiterverliehen hatten.

40 (1) Und wenn es bei den Wahlen der Volkstribunen unter den Senatoren an Bewerbern fehlte, wählte er sie aus den Angehörigen des römischen Ritterstandes aus, wobei sie nach Beendigung ihrer Amtszeit entscheiden konnten, welchem Stand sie angehören wollten. Weil es aber die meisten Ritter, nachdem ihr väterliches Vermögen in den Bürgerkriegen aufgezehrt war, aus Furcht vor einer Strafe wegen Übertretung des Theatergesetzes nicht wagten, von den ersten 14 Rängen[75] aus den Spielen beizuwohnen, verkündete Augustus, dass die Geset-

derent metu poenae theatralis, pronuntiavit non teneri ea, quibus ipsis parentibusve equester census umquam fuisset.

(2) Populi recensum vicatim egit, ac ne plebs frumentationum causa frequentius ab negotiis avocaretur, ter in annum quaternum mensium tesseras dare destinavit; sed desideranti consuetudinem veterem concessit rursus, ut sui cuiusque mensis acciperet. comitiorum quoque pristinum ius reduxit ac multiplici poena coercito ambitu, Fabianis et Scapt⟨i⟩ensibus tribu⟨li⟩bus suis die comitiorum, ne quid a quoquam candidato desiderarent, singula milia nummum a se dividebat.

(3) Magni praeterea existimans sincerum atque ab omni colluvione peregrini ac servilis sanguinis incorruptum servare populum, et civitates Romanas parcissime dedit et manumittendi modum terminavit. Tiberio pro cliente Graeco petenti rescripsit, non aliter se daturum, quam si praesens sibi persuasisset, quam iustas petendi causas haberet; et Liviae pro quodam tributario Gallo roganti civitatem negavit, immunitatem optulit affirmans facilius se passurum fisco detrahi aliquid, quam civitatis Romanae vulgari honorem. (4) servos non contentus multis difficultatibus a libertate et multo pluribus a li-

zesbestimmung nicht bei denen anzuwenden sei, die selbst oder deren Väter einst über das für den Ritterstand notwendige Mindestvermögen verfügt hätten.

(2) Die Volkszählung[76] führte er straßenweise durch, und damit das Volk nicht zu häufig wegen der Getreideverteilung von den Geschäften abgelenkt werde, legte er fest, dass dreimal jährlich Marken für den Bezug von Getreide für jeweils vier Monate ausgegeben werden sollten; weil das Volk aber die altgewohnte Regelung wünschte, erlaubte er wieder, dass ein jeder seinen Anteil monatlich erhielt. Er führte auch das alte Recht der Wahlversammlungen wieder ein und dämmte den Stimmenkauf durch vielfältige Strafen ein, ließ an die Angehörigen der Fabischen und Scaptischen Tribus[77], als deren Mitglied er gezählt wurde, jeweils 1000 Sesterzen aus seinem Privatvermögen verteilen, damit sie es nicht nötig hatten, von irgendeinem Bewerber Geld zu verlangen.

(3) Für wichtig hielt er es außerdem, das Volk von jeder Blutsvermischung mit Angehörigen fremder Völker oder Sklaven rein und unverfälscht zu erhalten; das römische Bürgerrecht verlieh er daher äußerst sparsam und schränkte die Anzahl der Freilassungen ein. An Tiberius, der sich für einen griechischen Klienten einsetzte, schrieb er zurück, er werde das Bürgerrecht nur dann verleihen, wenn dieser ihn persönlich davon überzeugen könne, dass er berechtigte Gründe für sein Ersuchen habe; und Livia, die für einen abgabepflichtigen Gallier das Bürgerrecht erbat, erfüllte er den Wunsch nicht, machte ihr jedoch das Angebot, ihm Abgabefreiheit zu gewähren, und erklärte zugleich, er werde es eher ertragen, dass der Staatskasse ein bestimmter Geldbetrag entzogen werde, als dass man die Ehre des römischen Bürgerrechts allen zukommen lasse. (4) Er gab sich nicht damit zufrieden, den Sklaven bei ihren Bemühungen um die Freilassung große Schwierigkeiten zu machen und denen, die sich um das volle Bür-

bertate iusta removisse, cum et de numero et de condicione ac differentia eorum, qui manumitterentur, curiose cavisset, hoc quoque adiecit, ne vinctus umquam tortusve quis ullo libertatis genere civitatem adipisceretur.

(5) Etiam habitum vestitumque pristinum reducere studuit, ac visa quondam pro contione pullatorum turba indignabundus et clamitans: ›en Romanos, rerum dominos, gentemque togatam!‹

Negotium aedilibus dedit, ne quem posthac paterentur in foro circave nisi positis lacernis togatum consistere.

41 (1) Liberalitatem omnibus ordinibus per occasiones frequenter exhibuit. nam et invecta urbi Alexandrino triumpho regia gaza tantam copiam nummariae rei effecit, ut faenore deminuto plurimum agrorum pretiis accesserit, et postea, quotiens ex damnatorum bonis pecunia superflueret, usum eius gratuitum iis, qui cavere in duplum possent, ad certum tempus indulsit. senatorum censum ampliavit ac pro octingentorum milium summa duodecies sestertium taxavit suppletvitque non habentibus. (2) congiaria populo frequenter dedit, sed diversae fere summae: modo quadringenos, modo trecenos, nonnumquam ducenos quinquagenosque nummos; ac ne minores quidem pueros praeteriit, quamvis non nisi ab undecimo aetatis anno accipere consuessent. frumentum quoque in

gerrecht bemühten, noch größere, indem er bezüglich der Zahl, der Bedingung und der unterschiedlichen Behandlung derer, die freigelassen werden sollten, sehr sorgfältige Vorsichtsmaßnahmen getroffen hatte; und er fügte noch hinzu, dass niemand, der jemals inhaftiert oder gefoltert worden war, durch irgendeine Form der Freilassung das Bürgerrecht erlangen dürfe.

(5) Auch bemühte sich Augustus darum, die früheren Kleider und Gewänder wieder einzuführen, und als er einmal bei einer Volksversammlung eine große Zahl von Leuten in dunklen Mänteln erblickte, rief er empört aus: »Siehe da! Die Römer, die Herren der Welt, und das togagewandete Volk!«[78]

Er gab den Ädilen den Auftrag, fortan niemanden mehr auf dem Forum oder in dessen Nähe zu dulden, der nicht den Mantel abgelegt hatte und die Toga trug.[79]

41 (1) Seine Freizügigkeit zeigte Augustus allen Ständen bei zahlreichen Gelegenheiten. Denn nachdem er beim Triumph über Alexandria den königlichen Schatz nach Rom gebracht hatte, kam dadurch eine solche Menge Geld in Umlauf, dass der Zinsfuß sank und die Grundstückspreise erheblich anstiegen. Und sooft später (in der Staatskasse) Geld aus dem Vermögen Verurteilter im Überfluss vorhanden war, überließ er es für einen bestimmten Zeitraum zinsfrei denen, welche die doppelte Sicherheit zu leisten imstande waren. Das Mindestvermögen der Senatoren erhöhte er, und zwar von 800 000 auf 1 200 000 Sesterzen; denjenigen Senatoren, die nicht über diesen Betrag verfügten, zahlte er den noch ausstehenden Rest hinzu. (2) Spenden an das Volk gab er häufig, aber in der Regel unterschiedliche Beträge: bald 400, bald 300, manchmal 250 Sesterzen pro Person; und er überging nicht einmal die jüngeren Knaben, obgleich sie in der Regel erst vom elften Lebensjahr an etwas bekamen. Bei Versorgungsengpässen verteilte er das Getreide häufig zu einem sehr geringen Preis, zu-

annonae difficultatibus saepe levissimo, interdum nullo pretio viritim admensus est tesserasque nummarias duplicavit.

42 (1) Sed ut salubrem magis quam ambitiosum principem scires, querentem de inopia et caritate vini populum severissima coercuit voce: ›satis provisum a genero suo Agrippa perductis pluribus aquis, ne homines sitirent.‹ (2) eidem populo promissum quidem congiarium reposcenti ›bonae se fidei‹ esse respondit; non promissum autem flagitanti turpitudinem et impudentiam edicto exprobravit affirmavitque non daturum se quamvis dare destinaret. nec minore gravitate atque constantia, cum proposito congiario multos manumissos insertosque civium numero comperisset, negavit accepturos quibus promissum non esset, ceterisque minus quam promiserat dedit, ut destinata summa sufficeret. (3) magna vero quondam sterilitate ac difficili remedio cum venalicias et lanistarum familias peregrinosque omnes exceptis medicis et praeceptoribus partimque servitiorum urbe expulisset, ut tandem annona convaluit, impetum se cepisse scribit frumentationes publicas in perpetuum abolendi, quod earum fiducia cultura agrorum cessaret: neque tamen perseverasse, quia certum haberet posse per ambitionem quandoque restitui. atque ita postha[n]c rem

weilen umsonst, an jeden und verdoppelte die Gutscheine für Geldzuwendungen.

42 (1) Dass er aber als ein Herrscher galt, dem das Wohl des Volkes mehr am Herzen lag als dessen Gunst, soll Folgendes zeigen: Als das Volk sich darüber beklagte, dass Mangel an Wein herrsche und der Preis zudem hoch sei, wies er es besonders streng zurecht: »Von meinem Schwiegersohn Agrippa ist durch die Errichtung mehrerer Wasserleitungen in ausreichendem Maße dafür gesorgt, dass die Menschen keinen Durst zu leiden brauchen.« (2) Als das Volk einmal eine ihm versprochene Spende mit Nachdruck forderte, antwortete er: »Ich stehe zu meinem Wort.« Als das Volk aber eine nicht versprochene Spende leidenschaftlich verlangte, hielt er dem Volk in einem Erlass unverschämte Gemeinheit vor und versicherte, er werde die Spende nicht verteilen, obgleich dies in seiner Absicht gelegen habe. Und mit nicht geringerer Härte und Beharrlichkeit hat er, als er erfahren hatte, dass bei einer in Aussicht gestellten Geldspende viele Sklaven freigelassen und illegal in die Bürgerlisten eingetragen worden waren, erklärt, dass lediglich diejenigen etwas erhalten würden, denen es versprochen worden war, und den Übrigen gab er weniger, als er versprochen hatte, damit die festgelegte Summe ausreichte. (3) Als einmal eine große Hungersnot herrschte und sich Abhilfe als schwierig erwies, ließ er die für den Verkauf vorgesehenen Sklaven und die Truppen der Fechtmeister, dazu alle Ausländer mit Ausnahme der Ärzte und Lehrer, sowie einen Teil der Sklaven aus Rom ausweisen; sobald sich endlich die Versorgungslage entspannt hatte, habe er, wie er schreibt, den Entschluss gefasst, die öffentlichen Getreidezuwendungen auf immer abzuschaffen, weil durch die Hoffnung darauf der Ackerbau vernachlässigt werde; aber dennoch sei er nicht bei seinem Vorhaben geblieben, weil er der festen Überzeugung gewesen sei, dass dieser Brauch wieder eingeführt werde, um die Gunst des Volkes zu gewinnen.

temperavit, ut non minorem aratorum ac negotiantium quam populi rationem deduceret.

43 (1) Spectaculorum et assiduitate et varietate et magnificentia omnes antecessit. fecisse se ludos ait suo nomine quater, pro aliis magistratibus, qui aut abessent aut non sufficerent, ter et vicies. fecitque nonnumquam etiam vicatim ac pluribus scaenis per omnium linguarum histriones ⟨...⟩ non in foro modo, nec in amphitheatro, sed et in circo et in Saeptis, et aliquando nihil praeter venationem edidit; athletas quoque extructis in campo Martio sedilibus ligneis; item navale proelium circa Tiberim cavato solo, in quo nunc Caesarum nemus est. quibus diebus custodes in urbe disposuit, ne raritate remanentium grassatoribus obnoxia esset. (2) in circo aurigas cursoresque et confectores ferarum, et nonnumquam ex nobilissima iuventute, produxit. sed et Troiae lusum edidit frequentissime maiorum minorumque puerorum, prisci decorique moris existimans clarae stirpis indolem sic notescere. in hoc ludicro Nonium Asprenatem lapsu debilitatum aureo torque donavit passusque est ipsum posterosque Torquati ferre cognomen. mox finem fecit talia edendi Asinio Pollione oratore graviter invidioseque in curia questo A⟨e⟩sernini nepotis sui casum, qui et ipse crus fregerat.

Und später regelte er die Sache so, dass er auf die Bauern und Händler in gleichem Maße Rücksicht nahm wie auf das Volk.

43 (1) Er übertraf alle seine Vorgänger an Zahl, Vielfalt und Prunk der Schauspiele. Er sagt, er habe in eigenem Namen viermal Spiele durchgeführt; für andere Magistrate, die entweder (von Rom) abwesend waren oder nicht über die nötigen Geldmittel verfügten, 23 Mal. Dies geschah manchmal auch in einzelnen Stadtteilen, und auf mehreren Bühnen agierten Schauspieler aller Sprachen. (Gladiatorenspiele)[80] veranstaltete er nicht nur auf dem Forum und im Amphitheater, sondern auch im Circus in den Saepten; und einmal ließ er nichts als eine Tierhetze aufführen. Wettkämpfer ließ er auch auf dem Marsfeld auftreten, wo hölzerne Sitzreihen errichtet wurden; desgleichen wurde eine Seeschlacht arrangiert, in der Nähe des Tibers; aus diesem Grund gab er den Auftrag, dort einen See auszuheben, wo sich jetzt der Park der Caesaren[81] befindet. An derartigen Festtagen verteilte er Wachen über die Stadt, damit Rom wegen der geringen Zahl derer, die zu Hause blieben, Banditen nicht schutzlos preisgegeben war. (2) Im Circus ließ er Wagenlenker, Wettläufer und Tierkämpfer auftreten, und manchmal nahmen junge Männer aus den ersten Adelsfamilien teil. Aber besonders häufig ließ er das Trojaspiel[82] von größeren und kleineren Jungen aufführen, da er es für einen althergebrachten und passenden Brauch hielt, dass die Nachkommen einer berühmten Familie auf diese Weise ihre Talente vorführten. Als bei einem solchen Schauspiel Nonius Asprenas hinfiel und sich verletzte, schenkte Augustus ihm eine goldene Halskette [*torquis*] und erlaubte ihm und seinen Nachfahren, den Beinamen Torquatus zu tragen. Bald aber stellte er derartige Veranstaltungen ein, weil sich der Redner Asinius Pollio im Senat heftig und erbittert über einen (vergleichbaren) Sturz seines Enkels Aeserninus beklagte, der sich dabei sogar das Bein gebrochen hatte.

(3) Ad scaenicas quoque et gladiatorias operas et equitibus Romanis aliquando usus est, verum prius quam senatus consulto interdiceretur. postea nihil sane praeterquam adulescentulum Lycium honeste natum exhibuit, tantum ut ostenderet, quod erat bipedali minor, librarum septemdecim ac vocis immensae. (4) quodam autem muneris die Parthorum obsides tunc primum missos per mediam harenam ad spectaculum induxit superque se subsellio secundo collocavit. solebat etiam citra spectaculorum dies, si quando quid invisitatum dignumque cognitu advectum esset, id extra ordinem quolibet loco publicare, ut rhinocerotem apud Saepta, tigrim in scaena, anguem quinquaginta cubitorum pro comitio.

(5) Accidit votivis circensibus, ut correptus valitudine lectica cubans tensas deduceret; rursus commissione ludorum, quibus theatrum Marcelli dedicabat, evenit ut laxatis sellae curulis compagibus caderet supinus. nepotum quoque suorum munere cum consternatum ruinae metu populum retinere et confirmare nullo modo posset, transiit e loco suo atque in ea parte consedit, quae suspecta maxime erat.

44 (1) Spectandi confusissimum ac solutissimum morem correxit ordinavitque motus iniuria senatoris, quem Puteolis

(3) Einmal ließ er bei Theaterveranstaltungen und Gladiatorenkämpfen sogar römische Ritter auftreten, noch bevor dies durch einen Senatsbeschluss verboten wurde. In späterer Zeit stellte er nur noch einmal einen jungen Mann namens Lycius, der von edler Abstammung war, der Öffentlichkeit vor, aber nur um zu zeigen, dass dieser kleiner als zwei Fuß war und lediglich 17 römische Pfund wog, jedoch eine außergewöhnlich kräftige Stimme besaß. (4) An einem Tag, an dem ein öffentliches Schauspiel stattfand, ließ er die Geiseln der Parther, die damals zum ersten Mal nach Rom geschickt worden waren, mitten durch die Arena zur Zuschauertribüne führen und direkt über seiner Loge in der zweiten Reihe Platz nehmen. Wenn etwas Seltenes und Sehenswertes nach Rom gebracht worden war, pflegte er es auch an Tagen, an denen keine Schauspiele angesetzt waren, an einem beliebigen Ort der Öffentlichkeit vorzustellen, wie zum Beispiel ein Rhinozeros in den Saepten, einen Tiger auf der Theaterbühne oder eine Schlange von 50 Ellen auf dem Comitium.

(5) Es ereignete sich bei Circusspielen, die Augustus feierlich gelobt hatte, dass er infolge eines Schwächeanfalls die Prozession der Götterwagen in der Sänfte liegend eröffnen musste; ein anderes Mal geschah es bei der Eröffnungsansprache anlässlich der Spiele, mit denen das Theater des Marcellus eingeweiht wurde, dass der Amtssessel unter Augustus nachgab und der Prinzeps rücklings hinfiel. Als das Volk im Verlauf eines Schauspiels, das seine Enkel veranstalteten, aus Furcht vor dem Einsturz (der Tribünen) in Unruhe versetzt war und auf keine Art und Weise zurückgehalten oder beruhigt werden konnte, verließ Augustus seinen Platz und setzte sich dort hin, wo es besonders gefährlich zu sein schien.

44 (1) Das äußerst chaotische und zügellose Verhalten der Zuschauer bei den Schauspielen verbesserte er und erließ genaue Verordnungen; Anlass dazu war für ihn die Beleidigung,

per celeberrimos ludos consessu frequenti nemo receperat. facto igitur decreto patrum ut, quotiens quid spectaculi usquam publice ederetur, primus subselliorum ordo vacaret senatoribus, Romae legatos liberarum sociarumque gentium vetuit in orchestra sedere, cum quosdam etiam libertini generis mitti deprendisset. (2) militem secrevit a populo. maritis e plebe proprios ordines assignavit, praetextatis cuneum suum, et proximum paedagogis, sanxitque ne quis pullatorum media cavea sederet. feminis ne gladiatores quidem, quos promiscue spectari sollemne olim erat, nisi ex superiore loco spectare concessit. (3) solis virginibus Vestalibus locum in theatro separatim et contra praetoris tribunal dedit. athletarum vero spectaculo muliebre secus omne adeo summovit, ut pontificalibus ludis pugilum par postulatum distulerit in insequentis diei matutinum tempus edixeritque mulieres ante horam quintam venire in theatrum non placere.

45 (1) Ipse circenses ex amicorum fere libertorumque cenaculis spectabat, interdum ex pulvinari et quidem cum coniuge ac liberis sedens. spectaculo plurimas horas, aliquando totos

die ein Senator erfahren musste, als ihm bei einer sehr gut besuchten Veranstaltung in Puteoli auf den vollbesetzten Rängen niemand einen Platz anbot. Augustus erwirkte daher einen Senatsbeschluss, der besagte, dass sooft irgendwo ein Schauspiel in der Öffentlichkeit veranstaltet werde, die erste Sitzreihe für die Senatoren frei bleiben müsse, und in Rom erteilte er Gesandten freier und verbündeter Völker das Verbot, in der Orchestra Platz zu nehmen, da er in Erfahrung gebracht hatte, dass auch Freigelassene unter ihnen waren. (2) Die Soldaten trennte er vom Volk. Den Ehemännern aus dem einfachen Volk wies er eigene Sitzreihen zu, den Knaben, die noch die Praetexta[83] trugen, einen eigenen Bereich und direkt daneben einen anderen für die Erzieher; er legte fest, dass niemand aus dem niederen Volk in der Mitte des Zuschauerraums sitzen dürfe. Frauen erlaubte er den Besuch von Gladiatorenkämpfen, die sie einst mitten unter den Männern mitverfolgen durften, nur unter der Bedingung, dass sie von den oberen Sitzreihen aus zuschauten. (3) Lediglich den Vestalischen Jungfrauen gewährte er einen gesonderten Platz im Theater, und zwar gegenüber der Loge des Prätors. Den Besuch der Athletenwettkämpfe verbot er dem weiblichen Geschlecht gänzlich, so dass er an den Spielen, die er als Pontifex Maximus aufführen ließ,[84] den Wettkampf eines Faustkämpferpaares, den das Volk gewünscht hatte, auf die frühen Morgenstunden des folgenden Tages verschob und die Verordnung erließ, dass die Frauen nicht vor der fünften Stunde [zwischen 10 und 11 Uhr morgens] ins Theater kommen dürften.

45 (1) Augustus selbst schaute sich in der Regel die Circusspiele aus den in den oberen Stockwerken gelegenen Esszimmern der Häuser seiner Freunde und Freigelassenen an, zuweilen aus seiner mit Polstersesseln ausgestatteten Loge, wo er mit seiner Gattin und den Kindern Platz nahm. Dem Schauspiel blieb er häufig mehrere Stunden, manchmal ganze Tage

dies aberat, petita venia commendatisque qui suam vicem praesidendo fungerentur. verum quotiens adesset, nihil praeterea agebat, seu vitandi rumoris causa, quo patrem Caesarem vulgo reprehensum commemorabat, quod inter spectandum epistulis libellisque legendis aut rescribendis vacaret, seu studio spectandi ac voluptate, qua teneri se neque dissimulavit umquam et saepe ingenue professus est. (2) itaque corollaria et praemia in alienis quoque muneribus ac ludis et crebra et grandia de suo offerebat nullique Graeco certamini interfuit, quo non pro merito quemque certantium honorarit. spectavit autem studiosissime pugiles et maxime Latinos, non legitimos atque ordinarios modo, quos etiam committere cum Graecis solebat, sed et catervarios oppidanos inter angustias vicorum pugnantis temere ac sine arte. (3) universum denique genus operas aliquas publico spectaculo praebentium etiam cura sua dignatus est: athletis et conservavit privilegia et ampliavit, gladiatores sine missione edi prohibuit, coercitionem in histriones magistratibus omni tempore et loco lege vetere permissam ademit praeterquam ludis et scaena. (4) nec tamen eo minus aut xysticorum certationes aut gladiatorum pugnas severissime semper exegit. nam histrionum licentiam adeo compescuit, ut Stephanionem togatarium, cui in puerilem habitum circumtonsam matronam ministrasse compererat, per

fern, nachdem er stets um Nachsicht gebeten und Personen ernannt hatte, die an seiner Stelle den Vorsitz führen sollten. Sooft er aber anwesend war, konzentrierte er sich ganz auf das Schauspiel, sei es, um dem Tadel zu entgehen, dem, wie er sich erinnerte, sein Vater Caesar gewöhnlich ausgesetzt war – weil sich dieser während des Schauspiels häufig der Lektüre oder Beantwortung von Briefen und Bittschriften widmete –, sei es aus Interesse und Vergnügen am Zuschauen; niemals verhehlte er das und bekannte sich oft aufrichtig dazu. (2) Daher stiftete er aus seinem Privatvermögen häufig wertvolle Kränzchen und Belohnungen auch bei Spielen, die andere durchführten, und nahm an keinem griechischen Wettkampf teil, ohne einem jeden Wettkämpfer seinen Verdiensten entsprechend einen Ehrenpreis zuerkannt zu haben. Er schaute aber besonders interessiert Faustkämpfern zu, vor allem latinischen, und zwar nicht nur regelrecht ausgebildeten Boxern, die er sogar immer wieder mit griechischen kämpfen ließ, sondern auch Banden aus dem niederen Volk, die sich in den engen Gassen aufs Geratewohl und ohne technische Raffinessen gegenseitig verprügelten. (3) Schließlich hielt er alle Personen, die bei öffentlichen Schauspielen irgendwelche nützlichen Tätigkeiten verrichteten, seiner persönlichen Fürsorge für würdig: Die Privilegien der Athleten bestätigte er nicht nur, sondern vermehrte sie sogar, er verbot das Gladiatorenspiel, bei dem die Fechter auf Leben und Tod kämpften, er entzog den Magistraten das alte Recht, gegenüber den Schauspielern zu jeder Zeit und an jedem Ort strafrechtlich vorzugehen, außer während der Spiele und auf der Bühne. (4) Und dennoch überwachte er stets aufs Strengste die Wettbewerbe der Athleten und die Gladiatorenkämpfe. Denn Zügellosigkeit von Schauspielern bestrafte er sehr hart; so ließ er etwa den Togataschauspieler[85] Stephanio, der – wie Augustus in Erfahrung gebracht hatte – von einer als Knabe verkleideten und kurzgeschorenen römi-

trina theatra virgis caesum relegaverit, Hylan pantomimum querente praetore in atrio domus suae nemine excluso flagellis verberarit et Pyladen urbe atque Italia summoverit, quod spectatorem, a quo exibilabatur, demonstrasset digito conspicuumque fecisset.

46 Ad hunc modum urbe urbanisque rebus administratis Italiam duodetriginta coloniarum numero deductarum a se frequentavit operibusque ac vectigalibus publicis plurifariam instruxit, etiam iure ac dignatione urbi quodam modo pro parte aliqua adaequavit excogitato genere suffragiorum, quae de magistratibus urbicis decuriones colonici in sua quisque colonia ferrent et sub die comitiorum obsignata Romam mitterent. ac necubi aut honestorum deficeret copia aut multitudinis suboles, equestrem militiam petentis etiam ex commendatione publica cuiusque oppidi ordinabat, at iis, qui e plebe regiones sibi revisenti filios filiasve approbarent, singula nummorum milia pro singulis dividebat.

47 Provincias validiores et quas annuis magistratuum imperiis regi nec facile nec tutum erat, ipse suscepit, ceteras proconsulibus sortito permisit; et tamen nonnullas commutavit interdum atque ex utroque genere plerasque saepius adiit. urbium quasdam, foederatas sed ad exitium licentia praecipites, libertate privavit, alias aut aere alieno laborantis levavit aut ter-

schen Matrone bedient worden war, in drei Theatern mit Ruten schlagen und verbannte ihn aus Rom; den Pantomimen Hylas ließ er auf die Klage eines Prätors hin im Atrium seines Hauses vor aller Augen auspeitschen, und Pylades ließ er aus Rom und Italien entfernen, weil dieser auf einen Zuschauer, von dem er ausgepfiffen wurde, mit dem Finger gezeigt und so auf ihn aufmerksam gemacht hatte.

46 Auf diese Art und Weise verwaltete er Rom und ordnete die städtischen Angelegenheiten; er bevölkerte Italien mit 28 von ihm gegründeten Kolonien, stattete sie mit Bauwerken aus, sorgte für sie mit dem öffentlichen Steueraufkommen und stellte sie sogar in Bezug auf ihre Rechte und Würde zu einem gewissen Maße der Hauptstadt gleich, wobei er sich folgenden Wahlmodus ausgedacht hatte: Die Gemeinderäte sollten über die Amtsträger in Rom jeweils in ihren Kolonien abstimmen und die Wahlzettel versiegelt kurz vor dem Tag der Wahlen nach Rom schicken. Und damit es diesen Kolonien nicht an Adligen und bürgerlichem Nachwuchs mangele, gab er denjenigen, die sich um eine Offiziersstelle bei der Reiterei bewarben, lediglich auf die öffentliche Empfehlung einer jeden Stadt den gewünschten Posten und verteilte auf diejenigen aus dem Volk, die ihm bei seinen Provinzbesuchen Söhne oder Töchter vorzeigen konnten, für jedes Kind 1000 Sesterzen.

47 Die bedeutenderen Provinzen, die bei jährlichem Wechsel der Magistrate weder leicht noch sicher verwaltet werden konnten, übernahm er selbst, die übrigen vertraute er nach einem Losverfahren Prokonsuln an; und dennoch nahm er zuweilen Änderungen vor und besuchte des Öfteren die meisten Provinzen beider Verwaltungsarten. Gewissen Städten, die zwar mit Rom verbündet waren, die aber wegen der Zügellosigkeit ihrer Bewohner kurz vor dem Zusammenbruch standen, entzog er die Freiheit, andere, die wegen Schulden in arge Bedrängnis geraten waren, entlastete er; die durch ein Erdbe-

rae motu subversas denuo condidit aut merita erga populum R. adlegantes Latinitate vel civitate donavit. nec est, ut opinor, provincia, excepta dum taxat Africa et Sardinia, quam non adierit. in has fugato Sex. Pompeio traicere ex Sicilia apparantem continuae et immodicae tempestates inhibuerunt nec mox occasio aut causa traiciendi fuit.

48 Regnorum quibus belli iure potitus est, praeter pauca, aut isdem quibus ademerat reddidit aut alienigenis contribuit. reges socios etiam inter semet ipsos necessitudinibus mutuis iunxit, promptissimus affinitatis cuiusque atque amicitiae conciliator et fautor; nec aliter universos quam membra partisque imperii curae habuit, rectorem quoque solitus apponere aetate parvis aut mente lapsis, donec adolescerent aut resipiscerent; ac plurimorum liberos et educavit simul cum suis et instituit.

49 (1) Ex militaribus copiis legiones et auxilia provinciatim distribuit, classem Miseni et alteram Ravennae ad tutelam Superi et Inferi maris conlocavit, ceterum numerum partim in urbis partim in sui custodiam adlegit dimissa Calagurritanorum manu, quam usque ad devictum Antonium, item Germanorum, quam usque ad cladem Varianam inter armigeros circa se habuerat. neque tamen umquam plures quam tres co-

ben vernichteten Städte baute er von Neuem auf; wieder andere, die Verdienste gegenüber dem römischen Volk anzuführen vermochten, beschenkte er mit dem latinischen oder gar mit dem römischen Bürgerrecht. Es gibt aber – wie ich meine – keine Provinz, mit Ausnahme von Afrika und Sardinien, die er nicht besucht hatte. Als er sich nach dem Sieg über Sextus Pompeius anschickte, von Sizilien aus in diese beiden Provinzen überzusetzen, hinderten ihn anhaltende starke Stürme an seinem Plan, und später bot sich weder eine Gelegenheit, noch gab es einen Grund, dorthin zu fahren.

48 Die Königreiche, die Augustus aufgrund des Kriegsrechts in seine Gewalt gebracht hatte, gab er, mit wenigen Ausnahmen, entweder denjenigen zurück, denen er sie genommen hatte, oder teilte sie auswärtigen Herrschern zu. Mit Rom verbündete Könige führte er auch untereinander durch gegenseitige familiäre Bande enger zusammen und vermittelte und förderte besonders eifrig jedes Verwandtschafts- und Freundschaftsverhältnis; um sie alle war er besorgt, gleichsam als ob sie Glieder und Teile des Reichs wären; er stellte auch den minderjährigen oder geistesschwachen Kronprinzen gewöhnlich einen Vormund zur Seite, bis sie groß waren oder ihre Sinne wieder beisammen hatten, und die Kinder zahlreicher Fürsten ließ er mit seinen eigenen erziehen und unterrichten.

49 (1) Von seinem gesamten Heer verteilte er die Legionen und Hilfstruppen auf die einzelnen Provinzen; eine Flotte stationierte er in Misenum, eine andere in Ravenna zum Schutz des Adriatischen und des Tyrrhenischen Meeres; den verbleibenden Rest seines Heeres beauftragte er teils mit der Bewachung Roms, teils mit seinem eigenen Schutz, nachdem er die Abteilung der Calagurritani, die bis zu seinem Sieg über Antonius, ebenso die der Germanen, die bis zur Niederlage des Varus zu seinen Leibwächtern gehört hatten, aus dem Dienst entlassen hatte. Aber dennoch duldete er zu keinem Zeitpunkt die

hortes in urbe esse passus est easque sine castris, reliquas in hiberna et aestiva circa finitima oppida dimittere assuerat. (2) quidquid autem ubique militum esset, ad certam stipendiorum praemiorumque formulam adstrinxit definitis pro gradu cuiusque et temporibus militiae et commodis missionum, ne aut aetate aut inopia post missionem sollicitari ad res novas possent. utque perpetuo ac sine difficultate sumptus ad tuendos eos prosequendosque suppeteret, aerarium militare cum vectigalibus novis constituit.

(3) Et quo celerius ac sub manum adnuntiari cognoscique posset, quid in provincia quaque gereretur, iuvenes primo modicis intervallis per militaris vias, dehinc vehicula disposuit. commodius id visum est, ut qui a loco idem perferunt litteras, interrogari quoque, si quid res exigant, possint.

50 In diplomatibus libellisque et epistulis signandis initio sp⟨h⟩inge usus est, mox imagine Magni Alexandri, novissime sua, Dioscuridis manu scalpta, qua signare insecuti quoque principes perseverarunt. ad epistulas omnis horarum quoque momenta nec diei modo sed et noctis, quibus datae significarentur, addebat.

51 (1) Clementiae civilitatisque eius multa et magna documenta sunt. ne enumerem, quot et quos diversarum partium venia et incolumitate donatos principem etiam in civitate lo-

Anwesenheit von mehr als drei Kohorten in Rom, und auch diese hielt er nicht in einem speziellen Lager; die übrigen Kohorten entließ er gewöhnlich in Städte der näheren Umgebung in die Winter- und Sommerlager. (2) Alle Soldaten im gesamten Reich aber verpflichtete er zu einer festgesetzten Zahl von Dienstjahren und festgesetztem Sold, wobei er, entsprechend dem jeweiligen Dienstgrad, sowohl die Dauer des Heeresdienstes als auch die Vergünstigungen nach der Entlassung genau bestimmte, damit die Soldaten weder infolge einer zu langen Dienstzeit noch wegen einer eventuellen Notlage nach ihrer Entlassung zu Aufständen aufgewiegelt werden könnten. Und damit auf alle Zeiten und ohne Schwierigkeiten die Kosten für ihren Unterhalt und für ihre Zuwendungen nach der Entlassung gedeckt waren, richtete er mithilfe neuer Steuern eine Militärkasse ein.

(3) Und um schneller und müheloser Berichte und Informationen über das, was sich in einer jeden Provinz ereignete, zu erhalten, verteilte er zunächst junge Männer, später Wagen, in angemessenen Abständen auf den Heerstraßen. Die zweite Maßnahme schien zweckmäßiger, da so dieselben Boten, die die Mitteilungen von Ort und Stelle überbrachten, wenn es die Sachlage erforderte, auch direkt befragt werden konnten.

50 In Geleitschreiben, öffentlichen Bekanntmachungen und Briefen verwendete er als Siegel anfangs eine Sphinx, später das Bild Alexanders des Großen, zuletzt sein eigenes, das von der Hand des Dioskurides[86] geschnitten war, womit auch die nachfolgenden Kaiser immer ihre Schriftstücke siegelten. Allen Briefen fügte er auch die Stunden der Abfassung hinzu, und zwar sowohl die des Tages als auch die der Nacht.

51 (1) Zahlreich und bedeutend sind die Beweise für seine Milde und Leutseligkeit. Um nicht aufzuzählen, wie viele und welche Männer der Gegenpartei er mit seiner Gnade und Straflosigkeit beschenkt hat – er erlaubte ihnen sogar, eine be-

cum tenere passus sit: Iunium Novatum et Cassium Patavinum e plebe homines alterum pecunia, alterum levi exilio punire satis habuit, cum ille Agrippae iuvenis nomine asperrimam de se epistulam in vulgus edidisset, hic convivio pleno proclamasset neque votum sibi neque animum deesse confodiendi eum. (2) quadam vero cognitione, cum Aemilio Aeliano Cordubensi inter cetera crimina vel maxime obiceretur quod male opinari de Caesare soleret, conversus ad accusatorem commotoque similis: ›velim‹, inquit, ›hoc mihi probes; faciam sciat Aelianus et me linguam habere, plura enim de eo loquar‹; nec quicquam ultra aut statim aut postea inquisiit. (3) Tiberio quoque de eadem re, sed violentius apud se per epistulam conquerenti ita rescripsit: ›aetati tuae, mi Tiberi, noli in hac re indulgere et nimium indignari quemquam esse, qui de me male loquatur; satis est enim, si hoc habemus ne quis nobis male facere possit.‹

52 Templa, quamvis sciret etiam proconsulibus decerni solere, in nulla tamen provincia nisi communi suo Romaeque nomine recepit. nam in urbe quidem pertinacissime abstinuit hoc honore; atque etiam argenteas statuas olim sibi positas conflavit omnis exqu⟨e⟩ iis aureas cortinas Apollini Palatino dedicavit.

sonders wichtige Stelle im Staatsdienst einzunehmen –, mögen zwei Beispiele genügen: Augustus gab sich damit zufrieden, Iunius Novatus und Cassius Patavinus, zwei Männer aus dem Plebejerstand, im einen Fall mit einer Geldstrafe, im anderen mit einer milden Verbannung zu belegen, obgleich jener unter dem Namen des jungen Agrippa (Postumus) einen bitterbösen Brief über ihn veröffentlicht und dieser bei einem stark besuchten Gastmahl laut ausgerufen hatte, ihm fehle weder das Verlangen noch der Mut, Augustus niederzustechen. (2) Als aber bei einer gerichtlichen Untersuchung dem Aemilius Aelianus aus Corduba neben anderen Anklagepunkten insbesondere vorgeworfen wurde, dass er sich immer wieder negativ über den Kaiser äußere, wandte sich Augustus an den Ankläger und sagte scheinbar erregt: »Hoffentlich vermagst du mir das zu beweisen; Aelianus soll wissen, dass auch ich eine Zunge habe, ich werde nämlich noch mehr über ihn reden«; und darüber hinaus betrieb er weder sofort noch später irgendwelche Nachforschungen. (3) An Tiberius, der sich ebenfalls über diese Angelegenheit, aber noch heftiger bei ihm in einem Brief beklagte, schrieb er Folgendes zurück: »Gib dich, mein lieber Tiberius, in dieser Angelegenheit nicht deinem jugendlichen Übereifer hin und entrüste dich nicht allzu sehr darüber, dass es Menschen gibt, die schlecht über mich reden; es genügt nämlich, wenn wir uns damit zufrieden geben, dass uns niemand etwas Schlechtes antun kann.«

52 Obgleich er wusste, dass es üblich war, den Bau von Tempeln sogar zu Ehren von Prokonsuln zu beschließen, ließ er dies jedoch in keiner Provinz für sich zu, außer wenn sie auch für die Göttin Roma bestimmt waren. Denn in Rom lehnte er eine solche Ehre ganz energisch ab; und er ließ sogar die silbernen Statuen, die für ihn einst aufgestellt worden waren, allesamt einschmelzen, und aus dem Gewinn weihte er dem palatinischen Apollo goldene Dreifüße.

Dictaturam magna vi offerente populo genu nixus deiecta ab umeris toga nudo pectore deprecatus est.

53 (1) Domini appellationem ut maledictum et obprobrium semper exhorruit. cum spectante eo ludos pronuntiatum esset in mimo: ›o dominum aequum et bonum!‹ et universi quasi de ipso dictum exultantes comprobassent, et statim manu vultuque indecoras adulationes repressit et insequenti die gravissimo corripuit edicto; dominumque se posthac appellari ne a liberis quidem aut nepotibus suis vel serio vel ioco passus est atque eius modi blanditias etiam inter ipsos prohibuit. (2) non temere urbe oppidove ullo egressus aut quoquam ingressus est nisi vespera aut noctu, ne quem officii causa inquietaret. in consulatu pedibus fere, extra consulatum saepe adaperta sella per publicum incessit. promiscuis salutationibus admittebat et plebem, tanta comitate adeuntium desideria excipiens, ut quendam ioco corripuerit, quod sic sibi libellum porrigere dubitaret, ›quasi elephanto stipem‹. (3) die senatus numquam patres nisi in curia salutavit et quidem sedentis ac nominatim singulos nullo submonente; etiam discedens eodem modo sedentibus valere dicebat. officia cum multis mutuo exercuit, nec

Als das Volk ihm mit aller Gewalt die Diktatur aufnötigen wollte,[87] kniete er nieder, riss die Toga von den Schultern, entblößte seine Brust und bat inständig darum, ihm das zu ersparen.

53 (1) Die Anrede »Herr« verabscheute er stets als schimpfliches Schmähwort. Als er sich einmal Schauspiele im Theater ansah und bei einer Komödie die Worte ausgesprochen wurden: »O gerechter und guter Herr!« und alle Anwesenden aufsprangen und Anerkennung zollten, gleichsam als bezögen sich diese Worte auf Augustus persönlich, wies er diese unschicklichen Schmeicheleien auf der Stelle durch Gestik und Mimik zurück und rügte sie am folgenden Tag in einem besonders streng formulierten Erlass. Er erlaubte in der Zukunft nicht einmal seinen Kindern oder Enkeln, sei es im Ernst oder im Spaß, ihn mit »Herr« anzureden, und Schmeicheleien dieser Art verbot er ihnen auch im Umgang miteinander. (2) Nicht zufällig verließ Augustus Rom oder irgendeine Provinzstadt oder betrat diese Städte nur abends oder nachts, um keine Unruhe durch offizielle Begrüßungs- oder Abschiedszeremonien zu erregen. Wenn er das Konsulat bekleidete, ging er in der Regel zu Fuß; übte er diese Funktion nicht aus, ließ er sich häufig in einer offenen Sänfte durch die Straßen tragen. Zu den gewöhnlichen Audienzen gestattete er auch dem einfachen Volk den Zutritt und nahm die Wünsche der Besucher so zuvorkommend entgegen, dass er jemanden einmal zum Scherz tadelte, er überreiche ihm die Bittschrift so zögernd, »wie einem Elefanten eine Geldspende«. (3) An den Versammlungstagen des Senats begrüßte er die Senatoren ausschließlich in der Kurie, und zwar blieben sie auf ihren Plätzen sitzen, während er sie einzeln namentlich aufrief, ohne dass ihm jemand dabei helfen musste; auch wenn er die Versammlung verließ, verabschiedete er sich gewöhnlich auf dieselbe Weise, wobei die Senatoren sitzen bleiben durften. Höflichkeitsbesuche erwies er

prius dies cuiusque sollemnes frequentare desiit, quam grandior iam natu et in turba quondam sponsaliorum die vexatus. Gallum Cerrinium senatorem minus sibi familiarem, sed captum repente oculis et ob ⟨id⟩ inedia[m] mori destinantem praesens consolando revocavit ad vitam.

54 In senatu verba facienti dictum est: ›non intellexi‹, et ab alio: ›contra dicerem tibi, si locum haberem.‹ interdum ob immodicas disceptantium altercationes e curia per iram se proripienti quidam, ingesserunt ›licere oportere senatoribus de re p. loqui‹. Antistius Labeo senatus lectione, cum vir virum legeret, M. Lepidum hostem olim eius et tunc exulantem legit interrogatusque ab eo an essent alii digniores, ›suum quemque iudicium habere‹ respondit. nec ideo libertas aut contumacia fraudi cuiquam fuit.

55 Etiam sparsos de se in curia famosos libellos nec expavit et magna cura redarguit ac ne requisitis quidem auctoribus id modo censuit, cognoscendum posthac de iis, qui libellos aut carmina ad infamiam cuiuspiam sub alieno nomine edant.

56 (1) Iocis quoque quorundam invidiosis aut petulantibus lacessitus contra dixit edicto. et tamen ne de inhibenda testa-

vielen Bekannten beruhend auf Gegenseitigkeit, und er hörte erst auf, an Festtagen eines jeden Bekannten mitzufeiern, als er älter wurde und bei einer Verlobungsfeier im Gedränge hart mitgenommen worden war. Der Senator Gallus Cerrinius, der nicht zum näheren Freundeskreis von Augustus zählte, erblindete plötzlich und beschloss deshalb, den Hungertod zu sterben; Augustus suchte ihn persönlich auf und gab ihm durch seine tröstenden Worte neuen Lebensmut.

54 Im Senat wurde ihm einmal während einer Rede zugerufen: »Ich habe es nicht verstanden«, und von einem anderen: »Ich würde dir widersprechen, wenn ich Gelegenheit dazu hätte.« Wenn er zuweilen aus Zorn über die maßlosen Streitereien der miteinander diskutierenden Gruppierungen aus der Kurie hinausstürmte, riefen ihm einige nach: »Es muss den Senatoren erlaubt sein, über Staatsangelegenheiten zu sprechen.« Antistius Labeo[88] wählte bei der Senatorenwahl, als jeder Senator einen anderen zu bestimmen hatte, M. Lepidus, der ein alter Feind von Augustus war und der damals noch in der Verbannung lebte; als Antistius Labeo von Augustus gefragt wurde, ob es nicht andere Männer gebe, die würdiger seien als Lepidus, antwortete er: »Ein jeder hat sein eigenes Urteil.« Dennoch bedeutete für niemanden Offenheit oder Widerspenstigkeit einen Nachteil.

55 Augustus fürchtete zwar nicht die gegen ihn gerichteten Schmähschriften, die im Senat im Umlauf waren, verwendete aber große Mühe darauf, sie zu widerlegen; nicht einmal nach den Urhebern ließ er forschen, er verordnete lediglich, dass in Zukunft eine Untersuchung über die Personen durchgeführt werden müsse, die unter fremdem Namen Schmähschriften oder Gedichte herausgäben, gegen wen auch immer diese verfasst seien.

56 (1) Er antwortete auch auf die widerwärtigen oder frechen Scherze, mit denen ihn gewisse Personen angegriffen hatten,

mentorum licentia quicquam constitueretur intercessit. quotiens magistratuum comitiis interesset, tribus cum candidatis suis circuibat supplicabatque more sollemni. ferebat et ipse suffragium in tribu[s], ut unus e populo. testem se in iudiciis et interrogari et refelli aequissimo animo patiebatur. (2) forum angustius fecit non ausus extorquere possessoribus proximas domos. numquam filios suos populo commendavit ut non adiceret: ›si merebuntur.‹ eisdem praetextatis adhuc assurrectum ab universis in theatro et a stantibus plausum gravissime questus est. amicos ita magnos et potentes in civitate esse voluit, ut tamen pari iure essent quo ceteri legibusque iudiciariis aeque tenerentur. (3) cum Asprenas Nonius artius ei iunctus causam veneficii accusante Cassio Severo diceret, consuluit senatum, ›quid officii sui putaret; cunctari enim se, ne si superesset, eripere[t] legibus reum, sin deesset, destituere ac praedamnare amicum existimaretur;‹ et consentientibus universis sedit in subselliis per aliquot horas, verum tacitus et ne laudatione quidem iudiciali data. (4) affuit et clientibus, sicut Scutario cuidam evocato quondam suo, qui postulabatur iniuria-

lediglich in einer Verordnung. Und dennoch verhinderte er, dass durch einen Senatsbeschluss die freie Meinungsäußerung in Testamenten eingeschränkt werde. Sooft er an den Wahlen der Magistrate teilnahm, ging er mit den von ihm favorisierten Bewerbern in den Wahlbezirken umher und bat nach alter Sitte für sie um Stimmen. Er gab sogar persönlich seine Stimme in seinem Wahlbezirk ab, wie ein gewöhnlicher Bürger. Mit höchster Gelassenheit duldete er es, in Prozessen als Zeuge befragt und widerlegt zu werden. (2) Das Forum legte er kleiner an (als ursprünglich geplant), da er es nicht wagte, die Besitzer der unmittelbar angrenzenden Häuser zu enteignen. Niemals empfahl er seine Söhne dem Volk, ohne hinzuzufügen: »Wenn sie es verdienen werden.« Als sie einmal ins Theater eintraten – sie trugen noch die Kindertoga – und sich alle erhoben und ihnen stehend Beifall klatschten, beklagte sich Augustus aufs Heftigste darüber. Seine Freunde sollten seinem Wunsch gemäß wichtige und mächtige Stellungen im Staat einnehmen, aber dennoch sollten sie den anderen Bürgern rechtlich gleichgestellt sein und in gleichem Maße an die vor Gericht angewendeten Gesetze gebunden sein. (3) Als Asprenas Nonius, der zu Augustus in recht enger Verbindung stand, von Cassius Severus wegen Giftmordes vor Gericht angeklagt wurde, befragte Augustus den Senat, was nach dessen Meinung seine Pflicht sei: »Ich bin nämlich unschlüssig; einerseits (befürchte ich,) dass ich ihn der gesetzlichen Strafe entziehe, wenn ich ihm vor Gericht beistehe, andererseits aber, dass man glauben könne, ich ließe einen Freund im Stich und verurteilte ihn im Voraus, wenn ich ihm nicht helfe.« Mit Zustimmung aller Senatoren nahm er für einige Stunden auf der Anklagebank (neben den Verteidigern) Platz, schwieg aber und legte vor Gericht nicht einmal ein günstiges Zeugnis für ihn ab. (4) Er stand auch seinen Klienten bei, wie zum Beispiel einem gewissen Scrutarius, einem seiner Veteranen,[89] der sich wegen Beleidigung vor

rum. unum omnino e reorum numero ac ne eum quidem nisi precibus eripuit, exorato coram iudicibus accusatore, Castricium, per quem de coniuratione Murenae cognoverat.

57 (1) Pro quibus meritis quanto opere dilectus sit, facile est aestimare. omitto senatus consulta, quia possunt videri vel necessitate expressa vel verecundia. equites R. natalem eius sponte atque consensu biduo semper celebrarunt. omnes ordines in lacum Curti quotannis ex voto pro salute eius stipem iaciebant, item Kal. Ian. stren[u]am in Capitolio etiam absenti, ex qua summa pretiosissima deorum simulacra mercatus vicatim dedicabat, ut Apollinem Sandaliarium et Iovem Tragoedum aliaque. (2) in restitutione⟨m⟩ Palatinae domus incendio absumptae veterani, decuriae, tribus atque etiam singillatim e cetero genere hominum libentes ac pro facultate quisque pecunias contulerunt, delibante tantum modo eo summarum acervos neque ex quoquam plus denario auferente. revertentem ex provincia non solum faustis ominibus, sed et modulatis carminibus prosequebantur. observatum etiam est, ne quotiens introiret urbem, supplicium de quoquam sumeretur.

58 (1) Patris patriae cognomen universi repentino maximoque consensu detulerunt ei: prima plebs legatione Antium

Gericht zu verantworten hatte. Überhaupt hat er nur einen einzigen Angeklagten einer Verurteilung vor Gericht entzogen, und auch nur durch inständige Bitten, durch die er in Gegenwart der Richter den Ankläger milde gestimmt hatte; es handelt sich um Castricius, durch den er von der Verschwörung des Murena erfahren hatte.

57 (1) Dass sich Augustus durch derartige verdienstliche Taten sehr beliebt machte, ist leicht einzusehen. Ich übergehe die Senatsbeschlüsse, weil es den Anschein haben könnte, sie seien entweder durch Zwang oder Rücksichtnahme zustande gekommen. Die römischen Ritter feierten seinen Geburtstag aus eigenem Antrieb und nach einstimmigem Beschluss, und zwar stets zwei Tage lang. Alle Stände pflegten alljährlich aufgrund eines Gelübdes, das sie für sein Wohl abgelegt hatten, ein Geldstück in den Lacus Curtius[90] zu werfen; ebenso brachten sie ihm am 1. Januar, auch in seiner Abwesenheit, auf dem Kapitol ein Neujahrsgeschenk dar, aus dessen Erlös er besonders wertvolle Götterbilder kaufte, die er in verschiedenen Stadtteilen aufstellen ließ, wie zum Beispiel Apollo Sandaliarius, Iuppiter Tragoedus und andere. (2) Zum Wiederaufbau seines auf dem Palatin durch einen Brand vernichteten Palastes brachten die Veteranen, die Dekurien (der Richter), die Tribus[91] und sogar einzelne Privatleute aus allen Gesellschaftsschichten freiwillig und je nach Vermögen Geldbeträge zusammen, wobei er jedem Geldhaufen nur einen geringen Betrag entnahm, und zwar von keinem mehr als einen Denar. Wenn er aus einer Provinz zurückkehrte, gab man ihm nicht nur mit Glückwünschen, sondern auch mit melodischen Liedern das Geleit. Man achtete auch darauf, dass, wann immer er in Rom Einzug hielt, an niemandem die Todesstrafe vollzogen wurde.

58 (1) Den Beinamen »Vater des Vaterlandes«[92] hat ihm das ganze Volk unvermutet und in vollster Einmütigkeit verliehen: zuerst die Plebs durch eine nach Antium entsandte Ab-

missa; dein, quia non recipiebat, ineunti Romae spectacula frequens et laureata; mox in curia senatus, neque decreto neque adclamatione, sed per Valerium Messalam is mandantibus cunctis: (2) ›quod bonum‹, inquit, ›faustumque sit tibi domuique tuae, Caesar Auguste! sic enim nos perpetuam felicitatem rei p. et laeta huic precari existimamus: senatus te consentiens cum populo R. consalutat patriae patrem.‹ cui lacrimans respondit Augustus his verbis – ipsa enim, sicut Messalae, posui: ›compos factus votorum meorum, p. c., quid habeo aliud deos immortales precari, quam ut hunc consensum vestrum ad ultimum finem vitae mihi perferre liceat?‹

59 Medico Antonio Musae, cuius opera ex ancipiti morbo convaluerat, statuam aere conlato iuxta signum Aesculapi statuerunt. nonnulli patrum familiarum testamento caverunt, ut ab heredibus suis praelato titulo victumae in Capitolium ducerentur votumque pro se solveretur, quod superstitem Augustum reliquissent. quaedam Italiae civitates diem, quo primum ad se venisset, initium anni fecerunt. provinciarum pleraeque super templa et aras ludos quoque quinquennales paene oppidatim constituerunt.

60 Reges amici atque socii et singuli in suo quisque regno Caesareas urbes condiderunt et cuncti simul aedem Iovis Olympii Athenis antiquitus incohatam perficere communi

ordnung; dann, weil er diese Ehrung nicht annahm, bei dem Besuch eines Schauspiels in Rom die zahlreich versammelten Zuschauer, die mit Lorbeerkränzen geschmückt waren, bald darauf in der Kurie der Senat, und zwar weder durch einen Beschluss noch durch Akklamation, sondern durch Valerius Messala, der auf Anweisung aller Senatoren folgende Rede hielt: (2) »Gut und heilbringend sei dies für dich und dein Haus, Caesar Augustus! Wir glauben nämlich, so um ewiges Glück für den Staat und Freude für Rom zu bitten: Der Senat begrüßt dich im Einvernehmen mit dem römischen Volk als Vater des Vaterlandes.« Unter Tränen antwortete ihm Augustus mit folgenden Worten – ich führe nämlich wie bei Messala genau den Wortlaut an: »Da ich nun sehe, dass alle meine Wünsche erfüllt sind, Senatoren, um was kann ich die unsterblichen Götter noch bitten, als dass es mir vergönnt sei, mir diese eure Einmütigkeit bis zum letzten Tag in meinem Leben zu erhalten?«

59 Seinem Arzt Antonius Musa[93], mit dessen Hilfe Augustus sich von einer gefährlichen Krankheit erholt hatte, wurde aus freiwilligen Spenden eine Statue errichtet, direkt neben dem Bild des Aesculap[94]. Einige Familienväter stellten testamentarisch sicher, dass von ihren Erben Opfertiere auf das Kapitol geführt werden sollten, wobei eine Tafel mit einer Inschrift vorangetragen und ein Gelübde in ihrem Namen eingelöst würde für den Fall, dass Augustus sie überlebe. Einige Städte in Italien haben den Tag, an dem er zum ersten Mal zu ihnen gekommen war, zum Jahresanfang gemacht. Die meisten Provinzen haben neben dem Bau von Tempeln und Altären auch die Abhaltung von Spielen beschlossen, die in fast allen Städten alle vier Jahre stattfanden.

60 Befreundete und verbündete Könige, und zwar jeder in seinem Reich, haben Städte gegründet, die den Namen Caesarea[95] erhielten; und alle haben zusammen beschlossen, den Tempel des olympischen Zeus in Athen, dessen Bau schon vor

sumptu destinaverunt Genioque eius dedicare; ac saepe regnis relictis non Romae modo sed et provincias peragranti cotidiana officia togati ac sine regio insigni more clientium praestiterunt.

61 (1) Quoniam qualis in imperis ac magistratibus regendaque per terrarum orbem pace belloque re p. fuerit, exposui, referam nunc interiorem ac familiarem eius vitam quibusque moribus atque fortuna domi et inter suos egerit a iuventa usque ad supremum vitae diem. (2) Matrem amisit in primo consulatu, sororem Octaviam quinquagensimum et quartum agens aetatis annum. utrique cum praecipua officia vivae praestitisset, etiam defunctae honores maximos tribuit.

62 (1) Sponsam habuerat adulescens P. Servili Isaurici filiam, sed reconciliatus post primam discordiam Antonio, expostulantibus utriusque militibus ut et necessitudine aliqua iungerentur, privignam eius Claudiam, Fulviae ex P. Clodio filiam, duxit uxorem vixdum nubilem ac simultate cum Fulvia socru orta dimisit intactam adhuc et virginem. (2) mox Scriboniam in matrimonium accepit nuptam ante duobus consularibus, ex altero etiam matrem. cum hac quoque divortium fecit, ›pertae-

langer Zeit begonnen worden war, auf gemeinsame Kosten vollenden zu lassen und ihn dem Genius des Augustus zu weihen. Und oft verließen sie ihre Reiche und machten nicht nur in Rom, sondern auch, wenn er Reisen durch die Provinzen unternahm, täglich Höflichkeitsbesuche, so wie es Klienten zu tun pflegen, und dabei trugen sie die Toga, keine königliche Abzeichen.

61 (1) Weil ich bisher dargelegt habe, wie sich Augustus in Macht- und Amtsstellen sowie als Herrscher über ein Weltreich in Krieg und Frieden verhalten hat, will ich nun von seinem Privat- und Familienleben berichten und mitteilen, nach welchen Gewohnheiten und unter welchen Verhältnissen er zu Hause und unter seinen Familienangehörigen von seiner Jugend bis zu seinem Todestag gelebt hat. (2) Seine Mutter hat Augustus während des ersten Konsulats verloren, seine Schwester Octavia, als er 53 Jahre alt war [10 v. Chr.]. Da er beiden zu ihren Lebzeiten besondere Wertschätzung entgegenbrachte, erwies er ihnen auch nach ihrem Tod allergrößte Ehren.

62 (1) In seiner Jugend war er mit der Tochter des P. Servilius Isauricus verlobt gewesen, aber als er sich nach einer ersten Auseinandersetzung wieder mit Antonius versöhnt hatte und die Soldaten der beiden mit Nachdruck forderten, sie sollten sich auch durch irgendein Verwandtschaftsverhältnis verbinden, nahm er Claudia, eine Stieftochter von Antonius und Tochter der Fulvia aus der Verbindung mit P. Clodius, zur Frau, obwohl sie kaum im heiratsfähigen Alter war; da er sich aber mit seiner Schwiegermutter Fulvia verfeindete, trennte er sich wieder von Claudia, die er nicht berührt hatte und die noch Jungfrau war. (2) Bald darauf heiratete er Scribonia, die zuvor schon zweimal verheiratet war, und zwar in beiden Fällen mit ehemaligen Konsuln; von einem hatte sie auch Kinder. Auch von dieser ließ er sich scheiden, »aus Ekel«, wie er schreibt,

sus‹, ut scribit, ›morum perversitatem eius‹, ac statim Liviam Drusillam matrimonio Tiberi Neronis et quidem praegnantem abduxit dilexitque et probavit unice ac perseveranter.

63 (1) Ex Scribonia Iuliam, ex Livia nihil liberorum tulit, cum maxime cuperet. infans, qui conceptus erat, immaturus est editus. Iuliam primum Marcello Octaviae sororis suae filio tantum quod pueritiam egresso, deinde, ut is obiit, M. Agrippae nuptum dedit exorata sorore, ut sibi genero cederet; nam tunc Agrippa alteram Marcellarum habebat et ex ea liberos. (2) hoc quoque defuncto, multis ac diu, etiam ex equestri ordine, circumspectis condicionibus, Tiberium privignum suum elegit coegitque praegnantem uxorem et ex qua iam pater erat dimittere. M. Antonius scribit primum eum Antonio filio suo despondisse Iuliam, dein Cotisoni Getarum regi, quo tempore sibi quoque in vicem filiam regis in matrimonium petisset.

64 (1) Nepotes ex Agrippa et Iulia tres habuit C. et L. et Agrippam, neptes duas Iuliam et Agrippinam. Iuliam L. Paulo censoris filio, Agrippinam Germanico sororis suae nepoti collocavit. Gaium et L. adoptavit domi per assem et libram emptos a patre Agrippa tenerosque adhuc ad curam rei p. admovit et consules designatos circum provincias exercitusque dimisit. (2) filiam et neptes ita instituit, ut etiam lanificio assuefaceret

»vor ihrem schlechten Lebenswandel«, und ehelichte daraufhin sofort Livia Drusilla, die er ihrem Gatten Tiberius Nero fortnahm, obwohl sie schwanger war, und liebte und schätzte sie in einzigartiger Weise bis an sein Lebensende.

63 (1) Von Scribonia hatte er eine Tochter, nämlich Iulia, von Livia kein Kind, obgleich er sich sehr danach sehnte. Ein Kind, das sie empfangen hatte, wurde vorzeitig geboren. Iulia gab er zuerst Marcellus[96], dem Sohn seiner Schwester Octavia, zur Frau; dieser war kaum dem Knabenalter entwachsen. Als Marcellus verschieden war, verheiratete er sie mit M. Agrippa, nachdem er seine Schwester Octavia gebeten hatte, ihm diesen als Schwiegersohn zu überlassen; denn damals hatte Agrippa eine der beiden Schwestern Marcella zur Frau und von ihr auch Kinder. (2) Nachdem auch dieser verstorben war, suchte er lange, sogar im Ritterstand, nach einer passenden Partie für seine Tochter und wählte schließlich seinen Stiefsohn Tiberius aus und zwang ihn, seine schwangere Frau, mit der er bereits ein Kind hatte, zu verstoßen. M. Antonius schreibt, Augustus habe zunächst Iulia seinem Sohn Antonius versprochen, dann Cotiso, dem König der Geten, zu einem Zeitpunkt, als Augustus für sich selbst auch um die Hand einer Tochter des Königs angehalten habe.

64 (1) Aus der Ehe von Agrippa und Iulia hatte Augustus drei Enkel, nämlich Gaius, Lucius und Agrippa (Postumus), und zwei Enkelinnen, Iulia und Agrippina. Er verheiratete Iulia mit L. Paulus, dem Sohn des Zensors, und Agrippina mit Germanicus, dem Enkel seiner Schwester. Gaius und Lucius adoptierte er im Hause ihres Vaters Agrippa unter Beobachtung der herkömmlichen gesetzlichen Form. Bereits in jungen Jahren machte er sie mit der Staatsverwaltung vertraut und sandte sie als designierte Konsuln in verschiedene Provinzen und zu den Heeren. (2) Seine Tochter und Enkelinnen erzog er so, dass er sie sogar an das Wollespinnen gewöhnte und es ihnen unter-

vetaretque loqui aut agere quicquam nisi propalam et quod in di[ut]urnos commentarios referretur; extraneorum quidem coetu adeo prohibuit, ut L. Vinicio, claro decoroque iuveni, scripserit quondam parum modeste fecisse eum, quod filiam suam Baias salutatum venisset. (3) nepotes et litteras et natare aliaque rudimenta per se plerumque docuit, ac nihil aeque elaboravit quam ut imitarentur chirographum suum; neque cenavit una, nisi ut in imo lecto assiderent, neque iter fecit, nisi ut vehiculo anteirent aut circa adequitarent.

65 (1) Sed laetum eum atque fidentem et subole et disciplina domus Fortuna destituit. Iulias, filiam et neptem, omnibus probris contaminatas relegavit; C. et L. in duodeviginti mensium spatio amisit ambos, Gaio in Lycia, Lucio Massiliae defunctis. tertium nepotem Agrippam simulque privignum Tiberium adoptavit in foro lege curiata; ex quibus Agrippam brevi ob ingenium sordidum ac ferox abdicavit seposuitque Surrentum.

(2) Aliquanto autem patientius mortem quam dedecora suorum tulit. nam C. Lucique casu non adeo fractus, de filia absens ac libello per quaestorem recitato notum senatui fecit ab-

sagte, etwas zu sagen oder zu tun, was nicht für die Öffentlichkeit geeignet war und was nicht in den täglichen Hofnachrichten mitgeteilt werden konnte. Er verwehrte ihnen auch nachdrücklich den Kontakt mit fernerstehenden Personen, so dass er an L. Vinicius, einen vornehmen und anständigen jungen Mann, einmal schrieb, er habe nicht genügend sittsam gehandelt, indem er nach Baiae gekommen sei, um seiner Tochter seine Aufwartung zu machen. (3) Augustus brachte seinen Enkeln meist selbst das Lesen und Schreiben, Schwimmen und einige Elementarfächer bei, und er bemühte sich um nichts so sehr, als dass sie seine eigene Handschrift nachahmen lernten; er speiste mit ihnen gemeinsam nur, wenn sie am untersten Ende seines Speisediwans saßen, und eine Reise unternahm er mit ihnen nur, wenn sie im Wagen vorausfuhren oder neben ihm her ritten.

65 (1) Aber als Augustus mit großer Freude auf seine Nachkommenschaft und auf die Zucht seines Hauses vertraute, verließ ihn das Glück. Die beiden Iuliae, seine Tochter und seine Enkelin, schickte er in die Verbannung, da sie sich mit allen nur denkbaren Schandtaten befleckt hatten; Gaius und Lucius verlor er beide in einem Zeitraum von nur 18 Monaten: Gaius verstarb in Lykien, Lucius in Massilia. Augustus adoptierte seinen dritten Enkel Agrippa (Postumus) und mit ihm zugleich seinen Stiefsohn Tiberius auf dem Forum in der juristischen Form eines Gesetzes der Kuriatkomitien [Patrizierversammlungen]; aber kurz darauf verstieß er Agrippa wegen seines niederträchtigen und unbändigen Charakters und verbannte ihn nach Surrentum.

(2) Augustus ertrug aber den Tod der Seinen weit gefasster als ihre Schandtaten; so trug er an dem Tod von Gaius und Lucius nicht allzu schwer, über seine Tochter aber unterrichtete er den Senat in seiner Abwesenheit dadurch, dass er einen Quästor ein Schreiben vorlesen ließ; er selbst hielt sich aus

stinuitque congressu hominum diu prae pudore, etiam de necanda deliberavit. certe cum sub idem tempus una ex consciis liberta Phoebe suspendio vitam finisset, maluisse se ait Phoebes patrem fuisse. (3) relegatae usum vini omnemque delicatiorem cultum ademit neque adiri a quoquam libero servo[q]ue nisi se consulto permisit, et ita ut certior fieret, qua is aetate, qua statura, quo colore esset, etiam quibus corporis notis vel cicatricibus. post quinquennium demum ex insula in continentem lenioribusque paulo condicionibus transtulit eam. nam ut omnino revocaret, exorari nullo modo potuit, deprecanti saepe p. R. et pertinacius instanti tales filias talesque coniuges pro contione inprecatus. ex nepte Iulia post damnationem editum infantem adgnosci alique vetuit. (4) Agrippam nihilo tractabiliorem, immo in dies amentiorem in insulam transportavit saepsitque insuper custodia militum. cavit etiam s. c. ut eodem loci in perpetuum contineretur. atque ad omnem et eius et Iuliarum mentionem ingemiscens proclamare etiam solebat: ›αἴϑ’ ὄφελον ἄγαμός τ’ ἔμεναι ἄγονός τ’ ἀπολέσϑαι‹ nec aliter eos appellare quam tris vomicas ac tria carcinomata sua.

66 (1) Amicitias neque facile admisit et constantissime retinuit, non tantum virtutes ac merita cuiusque digne prosecutus, sed vitia quoque et delicta, dum taxat modica, perpessus.

Scham lange Zeit von der menschlichen Gesellschaft fern, ja, er erwog sogar, Iulia töten zu lassen. Jedenfalls meinte er, als ungefähr zu derselben Zeit die Vertraute Iulias, eine Freigelassene mit Namen Phoebe, ihrem Leben durch Erhängen ein Ende gesetzt hatte, er hätte lieber der Vater von Phoebe sein wollen. (3) Der verbannten Tochter entzog er den Genuss des Weines, verbot ihr jeden Komfort und Luxus und erlaubte ihr weder den Besuch eines Freien noch eines Sklaven, außer mit seiner ausdrücklichen Zustimmung, und zwar ließ er sich für diesen Fall über Alter, Statur, Gesichtsfarbe sowie etwaige Körpermerkmale oder Narben (des Besuchers) informieren. Erst nach einem Zeitraum von fünf Jahren ließ er sie von der Insel aufs Festland bringen und räumte ihr ein wenig angenehmere Lebensbedingungen ein. Denn er ließ sich auf keine Art und Weise durch Bitten dazu bewegen, sie ganz aus der Verbannung zurückzurufen, und dem Volk, das sich oft mit Nachdruck für sie einsetzte und ihn allzu sehr bedrängte, wünschte er vor der Versammlung »solche Töchter und Ehefrauen«. Er verbot, dass das Kind, das seine Enkelin nach der Verurteilung geboren hatte, anerkannt und aufgezogen wurde. (4) Agrippa (Postumus), mit dem man immer weniger auskommen konnte, ließ er sogar, da er von Tag zu Tag mehr dem Wahnsinn verfiel, auf eine Insel bringen und darüber hinaus von Soldaten streng bewachen. Er sorgte sogar durch einen Senatsbeschluss dafür, dass Agrippa lebenslänglich an diesem Ort in Haft bleiben musste. Und Augustus zitierte gewöhnlich bei jeder Erwähnung von Agrippa oder den beiden Iuliae seufzend sogar folgenden Vers: »Wäre ich doch unverheiratet geblieben und kinderlos gestorben!«[97] und pflegte sie nicht anders als seine drei Eiterbeulen und Krebsgeschwüre zu bezeichnen.

66 (1) Freundschaften ging Augustus nicht leicht ein, hielt dann aber (wenn sie einmal geschlossen waren) umso beständiger an ihnen fest; dabei verstand er es nicht nur, die Tugen-

neque enim temere ex omni numero in amicitia eius afflicti reperientur praeter Salvidienum Rufum, quem ad consulatum usque, et Cornelium Gallum, quem ad praefecturam Aegypti, ex infima utrumque fortuna provexerat. (2) quorum alterum res novas molientem damnandum senatui tradidit, alteri ob ingratum et malivolum animum domo et provinciis suis interdixit. sed Gallo quoque et accusatorum denuntiationibus et senatus consultis ad necem conpulso laudavit quidem pietatem tanto opere pro se indignantium, ceterum et inlacrimavit et vicem suam conquestus est, quod sibi soli non liceret amicis, quatenus vellet, irasci. (3) reliqui potentia atque opibus ad finem vitae sui quisque ordinis principes floruerunt, quanquam et offensis intervenientibus. desideravit enim nonnumquam, ne de pluribus referam, et M. Agrippae patientiam et Maecenatis taciturnitatem, cum ille ex levi ⟨f⟩rigoris suspicione et quod Marcellus sibi anteferretur, Mytilenas se relictis omnibus contulisset, [et] hic secretum de comperta Murenae coniuratione uxori Terentiae prodidisset.

(4) Exegit et ipse in vicem ab amicis benivolentiam mutuam, tam a defunctis quam a vivis. nam quamvis minime appeteret hereditates, ut qui numquam ex ignoti testamento capere quicquam sustinuerit, amicorum tamen suprema iudicia morosissime pensitavit, neque dolore dissimulato, si parcius

den und Verdienste eines jeden zu würdigen, sondern auch seine Laster und Vergehen zu ertragen, solange sie geringfügig waren. Denn man wird aus der Gesamtzahl seiner Freunde kaum einen ausfindig machen, der in Ungnade fiel, mit Ausnahme von Salvidienus Rufus, den er zum Konsul, und Cornelius Gallus[98], den er zum Präfekten von Ägypten befördert hatte, obgleich beide aus niedrigsten Verhältnissen stammten. (2) Rufus, der nach Umsturz trachtete, übergab er dem Senat zur Verurteilung, Gallus untersagte er wegen seiner undankbaren und missgünstigen Gesinnung den Zutritt zu seinem Haus und seinen Provinzen. Aber als Gallus durch Anzeigen der Ankläger und Senatsbeschlüsse zum Selbstmord getrieben worden war, lobte er zwar die ihm erwiesene Treue derjenigen, die sich seinetwegen so sehr entrüsteten, brach aber in Tränen aus und beklagte sein Los, weil ihm allein nicht erlaubt sei, den Freunden so sehr zu zürnen, wie er es wolle. (3) Die übrigen Freunde erfreuten sich als die Ersten ihres Standes bis ans Lebensende ihrer Macht und ihres Reichtums, auch wenn es bisweilen zu Spannungen kam. Er vermisste nämlich manchmal bei M. Agrippa Nachsicht und bei Maecenas Verschwiegenheit – um von anderen gar nicht erst zu sprechen; denn M. Agrippa hatte, weil er den leisen Verdacht hegte, dass er kühl behandelt und Marcellus ihm vorgezogen werde, alles aufgegeben und sich nach Mytilene begeben, Maecenas hingegen hatte seiner Gattin Terentia das Geheimnis über die Entdeckung der Verschwörung des Murena preisgegeben.

(4) Augustus forderte auch seinerseits von seinen Freunden dasselbe Wohlwollen, sowohl nach ihrem Tod als auch zu ihren Lebzeiten. Denn obgleich er es keineswegs auf Erbschaften absah – so hat er niemals etwas aus dem Nachlass eines ihm Unbekannten angenommen –, wog er dennoch den letzten Willen seiner Freunde geradezu pedantisch ab und verhehlte weder seinen Schmerz, wenn jemand ihn mit recht kargen und

aut citra honorem verborum, neque gaudio, si grate pieque quis se prosecutus fuisset. legata vel partes hereditatium a quibuscumque parentibus relicta sibi aut statim liberis eorum concedere aut, si pupillari aetate essent, die virilis togae vel nuptiarum cum incremento restituere consueverat.

67 (1) Patronus dominusque non minus severus quam facilis et clemens multos libertorum in honore et usu maximo habuit, ut Licin[i]um et Celadum aliosque. Cosmum servum gravissime de se opinantem non ultra quam compedibus coercuit. Diomeden dispensatorem, a quo simul ambulante incurrenti repente fero apro per metum obiectus est, maluit timiditatis arguere quam noxae remque non minimi periculi, quia tamen fraus aberat, in iocum vertit. (2) idem Polum ex acceptissimis libertis mori coegit compertum adulterare matronas; Thallo a manu, quod pro epistula prodita denarios quingentos accepisset, crura ei fregit; paedagogum ministrosque C. fili, per occasionem valitudinis mortisque eius superbe avareque in provincia grassatos, oneratos gravi pondere cervicibus praecipitavit in flumen.

68 Prima iuventa variorum dedecorum infamiam subiit. Sextus Pompeius ut effeminatum insectatus est; M. Antonius adoptionem avunculi stupro meritum; item L. Marci frater,

zu wenig ehrenvollen Worten bedachte, noch seine Freude, wenn sich jemand dankbar und respektvoll zeigte. Vermächtnisse oder Erbschaftsanteile, die ihm von welchen Eltern auch immer hinterlassen wurden, gab er gewöhnlich entweder sofort an deren Kinder weiter oder, wenn sie noch unmündig waren, am Tag ihrer Mündigkeit oder Verheiratung mit Zinsen zurück.

67 (1) Als Patron und Herr konnte Augustus ebenso streng wie umgänglich und milde sein; viele seiner Freigelassenen genossen seine Wertschätzung, und er hatte fast täglich Umgang mit ihnen, wie zum Beispiel mit Licinus, Celadus und anderen. Seinem Sklaven Cosmus, der sich sehr abfällig über ihn äußerte, ließ er lediglich Fußfesseln anlegen. Seinen Verwalter Diomedes, von dem er im Verlauf eines gemeinsamen Spazierganges im Stich gelassen wurde, als plötzlich ein wilder Eber auf sie zustürmte, wollte er lieber wegen seiner Furchtsamkeit als wegen seines Vergehens tadeln und zog die Angelegenheit, wiewohl sie keineswegs ungefährlich war, ins Lächerliche, weil ja keine böswillige Absicht vorlag. (2) Derselbe Mann aber zwang Polus, einen seiner ihm liebsten Freigelassenen, Selbstmord zu begehen, weil er in Erfahrung gebracht hatte, dass er mit Damen aus vornehmer Gesellschaft Ehebruch begangen hatte; seinem Sekretär Thallus ließ er die Beine brechen, weil er den Inhalt eines Briefes von Augustus weitergegeben und dafür 500 Denare erhalten hatte; den Erzieher und die Diener seines Sohnes Gaius, die dessen Krankheit und Tod als Gelegenheit dazu benutzten, sich in der Provinz anmaßend und habgierig zu gebärden, ließ er mit schweren Gewichten am Hals in den Fluss stürzen.

68 In seiner frühen Jugendzeit gelangte Augustus in den Ruf, verschiedene Schandtaten begangen zu haben. Sextus Pompeius verunglimpfte ihn als Weichling; M. Antonius hielt ihm vor, sich die Adoption durch seinen Onkel durch Preis-

quasi pudicitiam delibatam a Caesare Aulo etiam Hirtio in Hispania trecentis milibus nummum substraverit solitusque sit crura suburere nuce ardenti, quo mollior pilus surgeret. sed et populus quondam universus ludorum die et accepit in contumeliam eius et adsensu maximo conprobavit versum in scaena pronuntiatum de gallo Matris deum tympanizante: ›videsne, ut cinaedus orbem digito temperat?‹

69 (1) Adulteria quidem exercuisse ne amici quidem negant, excusantes sane non libidine, sed ratione commissa, quo facilius consilia adversariorum per cuiusque mulieres exquireret. M. Antonius super festinatas Liviae nuptias obiecit et feminam consularem e triclinio viri coram in cubiculum abductam, rursus in convivium rubentibus auriculis incomptiore capillo reductam; dimissam Scriboniam, quia liberius doluisset nimiam potentiam paelicis; condiciones quaesitas per amicos, qui matres familias et adultas aetate virgines denudarent atque perspicerent, tamquam Toranio mangone vendente. (2) scribit etiam ad ipsum haec familiariter adhuc necdum plane inimicus aut hostis: ›quid te mutavit? quod reginam ineo? uxor mea est. nunc coepi an abhinc annos novem? tu deinde solam Drusil-

gabe seiner Unschuld verdient zu haben; ebenso Lucius, der Bruder des Marcus: Augustus habe die ihm bereits von Caesar genommene Unschuld noch einmal Aulus Hirtius in Spanien dargeboten, für einen Betrag von 300 000 Sesterzen, und er habe sich die Haare an seinen Beinen gewöhnlich mit einer heißen Nussschale abgesengt, damit umso weicheres Haar nachwachse. Aber auch das gesamte Volk fasste an einem Tag, als Theateraufführungen stattfanden, folgenden Vers[99], in dem es von einem die Handpauke schlagenden Priester der Kybele hieß: »Siehst du, wie der Wüstling mit einem Finger den (Erd-)Kreis[100] regiert?«, als eine Beleidigung des Augustus auf und begrüßte ihn mit tosendem Beifall.

69 (1) Dass Augustus Ehebruch mit verheirateten Frauen begangen hat, streiten nicht einmal seine Freunde ab, sie geben aber als Rechtfertigungsgrund an, er habe dies nicht aus Wollust, sondern aus wohlüberlegten politischen Erwägungen getan, um die Pläne seiner Gegner durch deren Frauen umso leichter in Erfahrung zu bringen. M. Antonius hielt ihm neben der übereilten Heirat mit Livia vor, er habe sogar die Gattin eines Konsulars vor den Augen ihres Mannes aus dem Speisesaal ins Schlafgemach geführt und habe sie mit roten Ohren und mit in Unordnung geratener Frisur zur Tischgesellschaft zurückgebracht; Scribonia sei deshalb verstoßen worden, weil sie sich zu freimütig über den allzu großen Einfluss einer Nebenbuhlerin beklagt habe; er habe sich durch Freunde Geliebte beschaffen lassen: Sie sollten verheiratete Frauen und erwachsene junge Mädchen entkleiden und in Augenschein nehmen, wie wenn der Sklavenhändler Toranius sie zum Kauf anböte. (2) Es schreibt Antonius sogar an ihn in einem freundschaftlich gehaltenen Brief, als er noch nicht sein Gegner oder Feind war: »Warum hast du dich verändert? Weil ich mit der Königin schlafe? Sie ist meine Frau. Habe ich erst jetzt damit begonnen oder schon vor neun Jahren? Und schläfst du denn

lam inis? ita valeas, uti tu, hanc epistulam cum leges, non inieris Tertullam aut Terentillam aut Rufillam aut Salviam Titiseniam aut omnes. an refert, ubi et in qua arrigas?‹

70 (1) Cena quoque eius secretior in fabulis fuit, quae vulgo δωδεκάθεος vocabatur; in qua deorum dearumque habitu discubuisse convivas et ipsum pro Apolline ornatum non Antoni modo epistulae singulorum nomina amarissime enumerantis exprobrant, sed et sine auctore notissimi versus:

›cum primum istorum conduxit mensa choragum,
sexque deos vidit Mallia sexque deas,
impia dum Phoebi Caesar mendacia ludit,
dum nova divorum cenat adulteria:
omnia se a terris tunc numina declinarunt,
fugit et auratos Iuppiter ipse thronos.‹

(2) auxit cenae rumorem summa tunc in civitate penuria ac fames, adclamatumque est postridie: ›omne frumentum deos comedisse‹ et ›Caesarem esse plane Apollinem, sed Tortorem‹, quo cognomine is deus quadam in parte urbis colebatur. nota-

nur mit Drusilla? Möge es dir so gut gehen, dass du, wenn du diesen Brief liest, nicht mit Tertulla, Terentilla, Rufilla, Salvia Titisenia oder allen zusammen geschlafen hast. Kommt es letztendlich darauf an, wo und mit wem man seine Lust befriedigt?«

70 (1) Auch eine bei ihm geladene geheime Tischgemeinschaft, die allgemein die Zwölf-Götter-Tafel genannt wurde, war Thema des Stadtgesprächs; an diesem Fest hatten die Gäste angeblich im Gewand von Göttern und Göttinnen zu Tisch gelegen und Augustus selbst als Apollo; diese Vorwürfe sind nicht nur in den Briefen des Antonius enthalten, der darin auch die Namen der einzelnen Gäste in besonders bitterem Unterton aufzählt, sondern auch in den allseits bekannten Versen eines anonymen Autors:[101]

Sobald die Tischgesellschaft dieser verkommenen Personen den Bühnenausstatter gemietet
und Mallia sechs Götter und sechs Göttinnen erblickt hatte,
während Caesar sich frevelnd anmaßte, Apollo zu spielen,
während er beim Mahl neue Liebschaften der Götter darstellte:
Da wandten sich alle Gottheiten von der Erde ab,
Iuppiter selbst sogar ergriff die Flucht von dem vergoldeten Thron.

(2) Dieses Mahl kam noch mehr ins Gerede angesichts der Tatsache, dass zum damaligen Zeitpunkt eine besonders große Hungersnot herrschte, und am folgenden Tag rief man ihm zu: »Das gesamte Getreide haben die Götter aufgegessen« und »Caesar ist ganz offensichtlich Apollo, aber Apollo der Folterer«, ein Beiname, unter dem dieser Gott in einem gewissen

tus est et ut pretiosae supellectilis Corinthiorumque praecupidus et aleae indulgens. nam et proscriptionis tempore ad statuam eius ascriptum est: ›pater argentarius, ego Corinthiarius‹, cum existimaretur quosdam propter vasa Corinthia inter proscriptos curasse referendos; et deinde bello Siciliensi epigramma vulgatum est:

›postquam bis classe victus naves perdidit,
aliquando ut vincat, ludit assidue aleam.‹

71 (1) Ex quibus sive criminibus sive maledictis infamiam impudicitiae facillime refutavit et praesentis et posterae vitae castitate; item lautitiarum invidiam, cum et Alexandria capta nihil sibi praeter unum murrinum calicem ex instrumento regio retinuerit et mox vasa aurea assiduissimi usus conflaverit omnia. circa libidines haesit, postea quoque, ut ferunt, ad vitiandas virgines promptior, quae sibi undique etiam ab uxore conquirerentur. aleae rumorem nullo modo expavit lusitque simpliciter et palam oblectamenti causa etiam senex ac praeterquam Decembri mense aliis quoque festis et profestis diebus. nec id dubium est. (2) autographa quadam epistula: ›cenavi‹,

Stadtteil verehrt wurde. Man erhob gegenüber Augustus den Vorwurf, er sei auf wertvollen Hausrat und korinthische Vasen besonders erpicht und dem Würfelspiel allzu sehr ergeben. Denn auch zur Zeit der Proskriptionen schrieb man an sein Standbild: »Mein Vater war Argentarius, ich bin Korinthiarius«,[102] weil man die Auffassung vertrat, er habe wegen korinthischer Vasen einige Leute in die Proskriptionslisten aufnehmen lassen; und später, im Sizilischen Krieg, wurde folgendes Epigramm[103] verbreitet:

> Nachdem er zweimal zur See besiegt seine Schiffe verloren hatte,
> probiert er ständig sein Glück im Würfelspiel, um endlich einmal zu siegen.[104]

71 (1) Von diesen Anklagen oder Verleumdungen vermochte er durch die damalige wie auch die spätere Keuschheit seiner Lebensweise die Anschuldigung, unzüchtig zu leben, sehr leicht zu widerlegen, desgleichen auch den Vorwurf, das üppige Leben zu schätzen; er behielt nämlich nach der Einnahme von Alexandria aus dem königlichen Hausrat für sich selbst nichts außer einem einzigen Becher aus Flussspat und ließ später alle goldenen Gefäße für den täglichen Bedarf einschmelzen. Von den sinnlichen Ausschweifungen konnte er nicht loskommen, und er war auch später noch, wie man berichtet, allzu bereit, junge Mädchen zu entjungfern, die ihm von allen Seiten, sogar von seiner Gattin, vermittelt wurden. Das Gerede über seine Schwäche für das Würfelspiel schreckte ihn keineswegs, und er spielte noch als alter Mann unbefangen und in aller Öffentlichkeit zu seiner Unterhaltung, und nicht nur im Monat Dezember, sondern auch an anderen Fest- und Werktagen. Und darüber besteht kein Zweifel. (2) In einem eigenhändig geschriebenen Brief teilt er mit: »Ich habe, mein lieber Tiberius,

ait, ›mi Tiberi, cum isdem; accesserunt convivae Vinicius et Silius pater. inter cenam lusimus geronticos et heri et hodie; talis enim iactatis, ut quisque canem aut senionem miserat, in singulos talos singulos denarios in medium conferebat, quos tollebat universos, qui Venerem iecerat.‹ (3) et rursus aliis litteris: ›nos, mi Tiberi, Quinquatrus satis iucunde egimus; lusimus enim per omnis dies forumque aleatorum calfecimus. frater tuus magnis clamoribus rem gessit; ad summam tamen perdidit non multum, sed ex magnis detrimentis praeter spem paulatim retractum est. ego perdidi viginti milia nummum meo nomine, sed cum effuse in lusu liberalis fuissem, ut soleo plerumque. nam si quas manus remisi cuique exegissem aut retinuissem quod cuique donavi, vicissem vel quinquaginta milia. sed hoc malo; benignitas enim mea me ad caelestem gloriam efferet.‹ (4) scribit ad filiam: ›misi tibi denarios ducentos quinquaginta, quos singulis convivis dederam, si vellent inter se inter cenam vel talis vel par impar ludere.‹

72 (1) In ceteris partibus vitae continentissimum constat ac sine suspicione ullius vitii. habitavit primo iuxta Romanum forum supra Scalas anularias, in domo quae Calvi oratoris fuerat; postea in Palatio, sed nihilo minus aedibus modicis Hortensianis, et neque laxitate neque cultu conspicuis, ut in quibus porticus breves essent Albanarum columnarum et sine

mit denselben Personen gespeist; es kamen Vinicius und der ältere Silius als Gäste hinzu. Während des Essens haben wir nach Greisenart gespielt, sowohl gestern als auch heute; wir würfelten nach der Regel, dass jeder, der den Hund oder die Sechs geworfen hatte, für jeden Würfel je einen Denar in die Mitte legen musste, die alle der nehmen durfte, der die Venus geworfen hatte.«[105] (3) Und wiederum in einem anderen Brief: »Wir haben, mein lieber Tiberius, das Minervafest recht angenehm verbracht; wir haben nämlich an allen Tagen gespielt und das Würfelbrett warm gehalten. Dein Bruder hat während des Spiels großes Geschrei gemacht; im Ganzen hat er aber nicht viel verloren, sondern hat sich von den großen Verlusten wider Erwarten nach und nach erholt. Ich für meine Person habe 20 000 Sesterzen verloren, aber nur aus dem Grund, weil ich beim Spiel, wie ich es meistens zu sein pflege, maßlos großzügig bin. Denn wenn ich alle Einsätze, die ich einem jeden erlassen habe, eingefordert oder zurückbehalten hätte, was ich einem jeden geschenkt habe, so hätte ich sogar 50 000 Sesterzen gewonnen. Aber so ist mir das lieber; denn meine Güte wird mich zu himmlischem Ruhm erheben.« (4) Er schreibt an seine Tochter: »Ich habe dir 250 Denare geschickt, die ich auch jedem einzelnen Gast gegeben habe, wenn sie während des Essens miteinander würfeln oder Gerade und Ungerade[106] spielen wollten.«

72 (1) In den übrigen Lebensbereichen war Augustus erwiesenermaßen äußerst enthaltsam und über jeden Verdacht irgendeines Lasters erhaben. Anfangs wohnte er direkt am Forum Romanum oberhalb der Ringmachertreppe in einem Haus, das im Besitz des Redners Calvus gewesen war; später auf dem Palatin, aber auch dort lediglich in einem anspruchslosen Haus des Hortensius, das weder durch Geräumigkeit noch durch Luxus hervorstach, in dem sich vielmehr nur kurze Säulengänge mit Säulen aus albanischem Peperin[107] und Zimmer

marmore ullo aut insigni pavimento conclavia. ac per annos amplius quadraginta eodem cubiculo hieme et aestate mansit, quamvis parum salubrem valitudini suae urbem hieme experiretur assidueque in urbe hiemaret. (2) si quando quid secreto aut sine interpellatione agere proposuisset, erat illi locus in edito singularis, quem Syracusas et technyphion vocabat: huc transibat aut in alicuius libertorum suburbanum; aeger autem in domo Maecenatis cubabat. ex secessibus praecipue frequentavit maritima insulasque Campaniae aut proxima urbi oppida, Lanuvium, Praeneste, Tibur, ubi etiam in porticibus Herculis templi persaepe ius dixit. (3) ampla et operosa praetoria gravabatur. et neptis quidem suae Iuliae, profuse ab ea extructa, etiam diruit ad solum, sua vero quamvis modica non tam statuarum tabularumque pictarum ornatu quam xystis et nemoribus excoluit rebusque vetustate ac raritate notabilibus, qualia sunt Capreis immanium beluarum ferarumque membra praegrandia, quae dicuntur gigantum ossa, et arma heroum.

73 Instrumenti eius et supellectilis parsimonia apparet etiam nunc residuis lectis atque mensis, quorum pleraque vix privatae elegantiae sint. ne toro quidem cubuisse aiunt nisi humili et modice instrato. veste non temere alia quam domestica usus est, ab sorore et uxore et filia neptibusque confecta; togis ne-

ohne Marmor und auffallende Mosaikböden befanden. Und er schlief über 40 Jahre lang, winters wie sommers, in ein und demselben Gemach; obgleich er am eigenen Leibe erfahren musste, dass das Klima in Rom zur Winterzeit seiner Gesundheit wenig zuträglich war, hielt er im Winter sich ständig dort auf. (2) Wenn er sich einmal vorgenommen hatte, nur für sich und ungestört zu arbeiten, so suchte er ein abgelegenes Zimmer im Obergeschoss auf, das er »Syrakus« und »kleines Atelier« nannte: Hierhin oder auf das Landgut eines seiner Freigelassenen, das in der Nähe von Rom lag, zog er sich zurück; wenn er aber krank war, pflegte er im Haus des Maecenas das Bett zu hüten. Seinen Sommeraufenthalt verbrachte er vornehmlich am Meer, auf den Kampanien vorgelagerten Inseln oder in den Landstädten in der unmittelbaren Umgebung von Rom, wie etwa Lanuvium, Praeneste und Tibur, wo er sogar in den Säulenhallen des Herkules-Tempels sehr häufig Recht sprach. (3) In weiträumigen und protzigen Palästen fühlte er sich nicht wohl. So ließ er etwa den Palast seiner Enkelin Iulia, den sie mit verschwenderischem Aufwand errichtet hatte, bis auf die Grundmauern zerstören, seine eigenen Paläste aber, obgleich bescheiden eingerichtet, stattete er weniger mit Statuen und Gemälden aus als vielmehr mit bedeckten Kolonnaden und Parkanlagen sowie mit Altertümern und Raritäten. So findet man in seinem Haus auf Capri riesenhafte Knochen gewaltiger Land- und Seetiere, die sogenannten Gigantenknochen, und Waffen von Heroen.

73 Die Sparsamkeit seiner Verwendung von Mobiliar und Hausrat wird aus den noch heute existierenden Betten und Tischen deutlich, von denen die meisten wohl kaum für einen Privatmann fein genug sind. Man behauptet, er habe lediglich auf einem niedrigen und bescheiden gepolsterten Bett geschlafen. Er trug fast nur Hauskleidung, die von seiner Schwester, Gattin, Tochter oder seinen Enkelinnen angefertigt war;

que restrictis neque fusis, clavo nec lato nec angusto, calciamentis altiusculis, ut procerior quam erat videretur. et forensia autem et calceos numquam non intra cubiculum habuit ad subitos repentinosque casus parata.

74 Convivabatur assidue nec umquam nisi recta, non sine magno ordinum hominumque dilectu. Valerius Messala tradit, neminem umquam libertinorum adhibitum ab eo cenae excepto Mena, sed asserto in ingenuitatem post proditam Sexti Pompei classem. ipse scribit, invitasse se quondam, in cuius villa maneret, qui speculator suus olim fuisset. convivia nonnumquam et serius inibat et maturius relinquebat, cum convivae et cenare inciperent, prius quam ille discumberet, et permanerent digresso eo. cenam ternis ferculis aut cum abundantissime senis praebebat, ut non nimio sumptu, ita summa comitate. nam et ad communionem sermonis tacentis vel summissim fabulantis provocabat, et aut acro⟨a⟩mata et histriones aut etiam triviales ex circo lud⟨i⟩os interponebat ac frequentius aretalogos.

75 Festos et sollemnes dies profusissime, nonnumquam tantum iocul ariter celebrabat. Saturnalibus, et si quando alias libuisset, modo munera dividebat, vestem et aurum et argentum, modo nummos omnis notae, etiam veteres regios ac per-

seine Toga war weder zu eng noch zu weit, der Purpursaum weder zu breit noch zu schmal, die Schuhsohle etwas dicker, damit er größer wirkte, als er war. Seine Staatsgewänder und Schuhe hielt er für unerwartete und plötzliche Fälle stets in seinem Gemach bereit.

74 Augustus lud regelmäßig Gesellschaften ein, wobei die Gäste stets ein vollständiges Mahl[108] erhielten; er berücksichtigte dabei besonders Rang und Person. Valerius Messala[109] überliefert, dass kein Freigelassener jemals von Augustus zu einem Essen geladen war, mit Ausnahme von Menas, der aber, nachdem er die Flotte des Sextus Pompeius an Augustus verraten hatte, den Status eines Freigelassenen erhalten hatte. Augustus selbst schreibt, er habe einmal einen ehemaligen Leibwächter, in dessen Landhaus er Quartier beziehen wollte, eingeladen. Manchmal kam er zu den Tischgesellschaften zu spät und verließ sie früher; doch die Gäste durften mit dem Mahl beginnen, bevor er Platz genommen hatte, und auch noch bleiben, nachdem er wieder fortgegangen war. Zu einem Mahl ließ er drei Gänge oder, wenn es besonders reichlich war, sechs Gänge auftragen, wobei der Aufwand zwar nicht allzu groß war, Augustus sich aber von seiner liebenswürdigsten Seite zeigte; denn er verstand es immer wieder, schweigsame oder solche Gäste, die sich nur leise miteinander unterhielten, dazu zu bewegen, am allgemeinen Gespräch teilzunehmen, und im Verlauf des Essens ließ er Musiker, Schauspieler oder sogar gewöhnliche Pantomimen aus dem Circus und noch öfter Tugendschwätzer[110] auftreten.

75 Feste und Feiertage beging Augustus mit verschwenderischem Aufwand, manchmal lediglich mit irgendwelchen Scherzen. An den Saturnalien[111], und wenn es ihm zu einem anderen Zeitpunkt beliebte, verteilte er bald Geschenke, Kleider, Gold und Silber, bald Münzen jeder Prägung, sogar alte königliche oder ausländische, zuweilen nur Decken aus Zie-

egrinos, interdum nihil praeter cilicia et spongias et rutabula et forpices atque alia id genus titulis obscuris et ambiguis. solebat et inaequalissimarum rerum sortes et aversas tabularum picturas in convivio venditare incertoque casu spem mercantium vel frustrari vel explere, ita ut per singulos lectos licitatio fieret et seu iactura seu lucrum communicaretur.

76 (1) Cibi – nam ne haec quidem omiserim – minimi erat atque vulgaris fere. secundarium panem et pisciculos minutos et caseum bibulum manu pressum et ficos virides biferas maxime appetebat; vescebaturque et ante cenam quocumque tempore et loco, quo stomachus desiderasset. verba ipsius ex epistulis sunt: ›nos in essedo panem et palmulas gustavimus.‹ (2) et iterum: ›dum lectica ex regia domum redeo, panis unciam cum paucis acinis uvae duracinae comedi.‹ et rursus: ›ne Iudaeus quidem, mi Tiberi, tam diligenter sabbatis ieiunium servat quam ego hodie servavi, qui in balineo demum post horam primam noctis duas buccas manducavi prius quam ungui inciperem.‹ ex hac inobservantia nonnumquam vel ante initum vel post dimissum convivium solus cenitabat, cum pleno convivio nihil tangeret.

77 Vini quoque natura parcissimus erat. non amplius ter bibere eum solitum super cenam in castris apud Mutinam, Cornelius Nepos tradit. postea quotiens largissime se invitaret, senos sextantes non excessit, aut si excessisset, reiciebat. et ma-

genhaaren, Schwämme, Ofenhaken, Feuerzangen und andere derartige Gegenstände mit dunklen und zweideutigen Aufschriften. Gewöhnlich verkaufte er während des Gastmahls Lose für Gewinne von sehr ungleichem Wert sowie Gemälde, von denen lediglich die Rückseite zu sehen war, wobei der ungewisse Ausgang die Hoffnung der Käufer entweder enttäuschte oder erfüllte; dies geschah so, dass an den einzelnen Tischen jeweils geboten und der Verlust und der Gewinn gemeinsam getragen wurde.

76 (1) Die Speisen, die Augustus zu sich nahm – denn auch dies möchte ich nicht übergehen –, waren sehr bescheiden und beinahe gewöhnlich. Besonders schätzte er Brot der zweiten Qualität, kleine Fische, handgepressten Käse mit Löchern und grüne Feigen, von jener Sorte, die zweimal im Jahr reif werden. Er nahm auch vor der Hauptmahlzeit Speisen zu sich, zu jeder Zeit und an jedem Ort, wenn sein Magen danach verlangte. In seinen Briefen äußert er sich dazu wie folgt: »Wir haben im Wagen Brot und Datteln genossen.« (2) Und an anderer Stelle: »Während ich in der Sänfte von der Regia nach Hause zurückkehrte, habe ich eine Unze Brot und einige wenige hartschalige Weinbeeren verzehrt.« Und an einer dritten Stelle: »Nicht einmal ein Jude, mein lieber Tiberius, hält am Sabbat das Fasten so gewissenhaft ein, wie ich es heute getan habe, der ich im Bad erst eine Stunde nach Sonnenuntergang zwei Bissen zu mir genommen habe, bevor ich mich salben ließ.« Infolge dieser unregelmäßigen Lebensweise pflegte er zuweilen vor Beginn oder nach Aufhebung der Tafel allein zu speisen, während er bei Tisch nichts anrühren konnte.

77 Auch im Weingenuss war er von Natur aus äußerst zurückhaltend. Wie Cornelius Nepos[112] berichtet, hat Augustus während des Essens im Lager bei Mutina gewöhnlich nicht mehr als dreimal getrunken. Später hat er, jedesmal wenn er reichlich zechen wollte, nicht mehr als einen Liter getrunken

xime delectatus est Raetico neque temere interdiu bibit. pro potione sumebat perfusum aqua frigida panem aut cucumeris frustum vel lactuculae thyrsum aut recens aridumve pomum suci vinosioris.

78 (1) Post cibum meridianum, ita ut vestitus calciatusque erat, retectis pedibus paulisper conquiescebat opposita ad oculos manu. a cena in lecticulam se lucubratoriam recipiebat; ibi, donec residua diurni actus aut omnia aut ex maxima parte conficeret, ad multam noctem permanebat. in lectum inde transgressus non amplius cum plurimum quam septem horas dormiebat, ac ne eas quidem continuas, sed ut in illo temporis spatio ter aut quater expergisceretur. (2) si interruptum somnum reciperare, ut evenit, non posset, lectoribus aut fabulatoribus arcessitis resumebat producebatque ultra primam saepe lucem. nec in tenebris vigilavit umquam nisi assidente aliquo. matutina vigilia offendebatur; ac si vel officii vel sacri causa maturius vigilandum esset, ne id contra commodum faceret, in proximo cuiuscumque domesticorum cenaculo manebat. sic quoque saepe indigens somni, et dum per vicos deportaretur et deposita lectica inter aliquas moras condormiebat.

79 (1) Forma fuit eximia et per omnes aetatis gradus venustissima, quamquam et omnis lenocinii neglegens; in capite comendo tam incuriosus, ut raptim compluribus simul tonso-

oder musste sich, wenn er dieses Maß überschritten hatte, übergeben. Am meisten schätzte er den Räterwein[113], trank aber tagsüber im Allgemeinen nichts. Anstatt zu trinken, pflegte er in kaltes Wasser getauchtes Brot oder ein Stück Gurke, einen Lattichstengel oder auch frisches oder getrocknetes Obst mit leichtem Weingeschmack zu sich zu nehmen.

78 (1) Nach dem Mittagsmahl ruhte er sich gewöhnlich in Kleidern und Schuhen, die Füße unbedeckt, eine Zeitlang aus, wobei er die Hand auf seine Augen legte. Nach der Hauptmahlzeit zog er sich auf sein Sofa im Studierzimmer zurück: Dort verweilte er bis tief in die Nacht, bis er die verbleibenden Geschäfte des Tages gänzlich oder zum größten Teil erledigt hatte. Danach begab er sich zu Bett, schlief jedoch meist nicht mehr als sieben Stunden, aber selbst diese nicht einmal ununterbrochen, sondern wachte in dieser Zeit drei- oder viermal auf. (2) Wenn er nach einer Unterbrechung, wie es vorkam, nicht wieder einschlafen konnte, so ließ er Vorleser oder Geschichtenerzähler zu sich kommen und fand auf diese Weise wieder Schlaf, schlief dann aber oft bis nach Sonnenaufgang. In der Dunkelheit wachte er niemals, es sei denn, dass jemand an seinem Bett saß. In den frühen Morgenstunden aufzustehen behagte ihm ganz und gar nicht; und wenn er gezwungen war, wegen einer öffentlichen Verpflichtung oder einer Opferhandlung früher aufzustehen, so verbrachte er aus Bequemlichkeit die Nacht in der nächstgelegenen Wohnung von einem seiner Leute. Aber trotzdem war er oft noch müde, und während er in der Sänfte durch die Straßen getragen wurde oder wenn sie abgestellt war, schlief er noch eine Weile weiter.

79 (1) Augustus besaß eine außergewöhnlich schöne Gestalt, und sein Äußeres war in allen Altersstufen von größter Anmut, obgleich er auf jegliche kosmetische Behandlung verzichtete. Die Pflege seines Haares vernachlässigte er in einem solchen Maße, dass er, um Zeit zu sparen, mehrere Friseure zu-

ribus operam daret ac modo tonderet modo raderet barbam eoque ipso tempore aut legeret aliquid aut etiam scriberet. vultu erat vel in sermone vel tacitus adeo tranquillo serenoque, ut quidam e primoribus Galliarum confessus sit inter suos, eo se inhibitum ac remollitum, quo minus, ut destinarat, in transitu Alpium per simulationem conloquii propius admissus in praecipitium propelleret. (2) oculos habuit claros ac nitidos, quibus etiam existimari volebat inesse quiddam divini vigoris, gaudebatque, si qui sibi acrius contuenti quasi ad fulgorem solis vultum summitteret; sed in senecta sinistro minus vidit; dentes raros et exiguos et scabros; capillum leviter inflexum et subflavum; supercilia coniuncta; mediocres aures; nasum et a summo eminentiorem et ab imo deductiorem; colorem inter aquilum candidumque; staturam brevem, – quam tamen Iulius Marathus libertus †etiam memoriam eius quinque pedum et dodrantis fuisse tradit –, sed quae commoditate et aequitate membrorum occuleretur, ut non nisi ex comparatione astantis alicuius procerioris intellegi posset.

80 Corpore traditur maculoso dispersis per pectus atque alvum genetivis notis in modum et ordinem ac numerum stellarum caelestis ursae, sed et callis quibusdam ex prurigine corporis adsiduoque et vehementi strigilis usu plurifariam concretis ad impetiginis formam. coxendice et femore et crure

gleich beschäftigte und bald den Bart lediglich schneiden, bald ganz rasieren ließ, wobei er auch noch etwas las oder sogar schrieb. Sein Gesicht strahlte, ob er sprach oder schwieg, eine solche Ruhe und Heiterkeit aus, dass ein vornehmer Gallier seinen Leuten eingestand, er sei dadurch davon abgehalten und umgestimmt worden, ihn, wie er es vorgehabt habe, bei einer Alpenüberquerung in den Abgrund zu stürzen, als er unter dem Vorwand, ein Gespräch mit ihm zu suchen, näher an Augustus herantreten durfte. (2) Er hatte helle und glänzende Augen, in denen manche sogar – wie es sein Wunsch war – eine gewisse göttliche Kraft vermuteten, und er freute sich, wenn jemand, den er etwas schärfer ansah, den Blick senkte, wie wenn er von den Strahlen der Sonne geblendet wäre; im Alter aber sah er mit dem linken Auge weniger gut. Seine Zähne standen weit auseinander, waren klein und schlecht. Sein Haar war leicht gelockt und hellblond, seine Augenbrauen zusammengewachsen, seine Ohren von mittlerer Größe, seine Nase oben hervorspringend und nach unten gebogen. Seine Hautfarbe war zwischen dunkelbraun und weiß, seine Figur klein – jedoch überliefert sein Freigelassener Iulius Marathus[114], Augustus sei fünf dreiviertel Fuß [1,70 m] groß gewesen –, aber dies wurde durch das vollendete Ebenmaß seiner Glieder kaschiert, so dass man es nur erkennen konnte, wenn ein Größerer neben ihm stand und man somit eine Vergleichsmöglichkeit hatte.

80 Sein Körper war, wie überliefert wird, an Brust und Bauch so mit Flecken und Muttermalen übersät, dass sie nach ihrer Menge, Anordnung und Anzahl das Sternbild des Großen Bären darstellten. Er hatte auch viele Schwielen, von denen manche aus einem juckenden Grind am Körper durch ständigen und heftigen Gebrauch des Striegels an vielen Stellen zu einer Art chronischem Ausschlag geworden waren. Hüftgelenk, Ober- und Unterschenkel auf der linken Seite wa-

sinistro non perinde valebat, ut saepe etiam inclaudicaret; sed remedio harenarum atque harundinum confirmabatur. dextrae quoque manus digitum salutarem tam imbecillum interdum sentiebat, ut torpentem contractumque frigore vix cornei circuli supplemento scripturae admoveret. questus est et de vesica, cuius dolore calculis demum per urinam eiectis levabatur.

81 (1) Graves et periculosas valitudines per omnem vitam aliquot expertus est; praecipue Cantabria domita, cum etiam destillationibus iocinere vitiato ad desperationem redactus contrariam et ancipitem rationem medendi necessario subiit: quia calida fomenta non proderant, frigidis curari coactus auctore Antonio Musa.

(2) Quasdam et anniversarias ac tempore certo recurrentes experiebatur; nam sub natalem suum plerumque languebat; et initio veris praecordiorum inflatione temptabatur, austrinis autem tempestatibus gravedine. quare quassato corpore neque frigora neque aestus facile tolerabat.

82 (1) Hieme quaternis cum pingui toga tunicis et subucula e⟨t⟩ thorace laneo et feminalibus et tibialibus muniebatur, aestate apertis cubiculi foribus ac saepe in peristylo saliente aqua atque etiam ventilante aliquo cubabat. solis vero ne hiberni quidem patiens, domi quoque non nisi petasatus sub divo spa-

ren nicht so stark (wie auf der rechten Seite), so dass er oft sogar hinken musste; aber er verschaffte sich Linderung durch die Anwendung von Sandbädern und das Anlegen von Beinschienen. Er spürte auch zuweilen im Zeigefinger der rechten Hand eine derartige Schwäche, dass er ihn, da er dann steif und vor Kälte erstarrt war, selbst unter Zuhilfenahme eines Ringes aus Horn nur mit Mühe zum Schreiben gebrauchen konnte. Er klagte auch über Blasenschmerzen, die erst dann nachließen, wenn die Steine mit dem Urin abgegangen waren.

81 (1) Augustus hat im Laufe seines Lebens einige schwere und gefährliche Krankheiten durchstehen müssen; insbesondere ist jene nach der Unterwerfung Kantabriens zu nennen, als er durch Absonderungen aus seiner erkrankten Leber in einen hoffnungslosen Zustand geriet und notgedrungen eine den üblichen Methoden entgegengesetzte und bedenkliche Kur auf sich nahm: Weil die warmen Umschläge nichts genutzt hatten, musste er sich auf Anraten seines Arztes Antonius Musa[115] mit kalten behandeln lassen.

(2) Von gewissen Krankheiten wurde er alljährlich zu einem bestimmten Zeitpunkt immer wieder heimgesucht; so fühlte er sich um die Zeit seines Geburtstages meistens matt; und bei Frühlingsanfang befielen ihn Brustentzündungen, um die Zeit der stürmischen Südwinde kehrte der Schnupfen wieder; deshalb konnte sein entkräfteter Körper weder Kälte noch Hitze ohne Beschwerden ertragen.

82 (1) Im Winter schützte sich Augustus mit vier Tuniken und einer dicken Toga, einem Hemd, einem Brustlatz aus Wolle und Binden um Waden und Schenkel. Im Sommer schlief er bei offenen Türen, oft auch im Innenhof in der Nähe eines Springbrunnens, wobei ihm zuweilen ein Diener Kühlung zufächelte. Die Sonneneinwirkung aber vertrug er nicht einmal im Winter und ging daher auch zu Hause nur mit einem Hut im Freien spazieren. Reisen unternahm er gewöhn-

tiabatur. itinera lectica et noctibus fere eaque lenta ac minuta faciebat, ut Praeneste vel Tibur biduo procederet; ac si quo pervenire mari posset, potius navigabat. (2) verum tantam infirmitatem magna cura tuebatur, in primis lavandi raritate; unguebatur enim saepius aut sudabat ad flammam, deinde perfundebatur egelida aqua vel sole multo tepefacta. at quotiens nervorum causa marinis Albulisque calidis utendum esset, contentus hoc erat ut insidens ligneo solio, quod ipse Hispanico verbo duretam vocabat, manus ac pedes alternis iactaret.

83 Exercitationes campestres equorum et armorum statim post civilia bella omisit et ad pilam primo folliculumque transiit, mox nihil aliud quam vectabatur et deambulabat, ita ut in extremis spatiis subsultim decurreret †sestertio vel lodicula involutus. animi laxandi causa modo piscabatur hamo, modo talis aut ocellatis nucibusque ludebat cum pueris minutis, quos facie et garrulitate amabilis undique conquirebat, praecipue Mauros et Syros. nam pumilos atque distortos et omnis generis eiusdem ut ludibria naturae malique ominis abhorrebat.

84 (1) Eloquentiam studiaque liberalia ab aetate prima et cupide et laboriosissime exercuit. Mutinensi bello in tanta mole rerum et legisse et scripsisse et declamasse cotidie traditur. nam deinceps neque in senatu neque apud populum neque apud milites locutus est umquam nisi meditata et composita

lich in der Sänfte und in der Regel bei Nacht, und zwar gemächlich in kleinen Etappen, so dass er Praeneste oder Tibur erst nach zwei Tagen erreichte; und wenn er einen Zielort über das Meer erreichen konnte, zog er die Seereise vor. (2) Aber die schwächliche Konstitution seines Körpers versuchte er durch große Umsicht zu schützen, besonders indem er nur selten ein Bad nahm; er ließ sich dafür häufiger salben oder schwitzte an einem Feuer, dann ließ er sich mit lauwarmem oder von starker Sonneneinstrahlung erwärmtem Wasser begießen. Und sooft er wegen seiner Nerven Meerbäder brauchte oder die warmen Albulaquellen aufsuchte, begnügte er sich damit, in einer hölzernen Badewanne sitzend, die er selbst mit dem spanischen Wort *dureta* zu bezeichnen pflegte, abwechselnd Hände und Füße zu bewegen.

83 Die Reit- und Waffenübungen auf dem Marsfeld gab Augustus sofort nach den Bürgerkriegen auf und wandte sich zunächst dem Spiel mit großen und kleinen Bällen zu; bald darauf machte er nur noch Ausfahrten oder ging spazieren, wobei er den Rest der Strecke jeweils in kleinen Sprüngen zurücklegte, eingehüllt in †[116] oder in eine gewebte Decke. Zur Entspannung angelte er oder spielte mit Würfeln oder Steinchen und Nüssen, und zwar mit kleinen Sklavenjungen, die er wegen ihres anmutigen Äußeren und ihres geschwätzigen Wesens von überallher kommen ließ, vorzugsweise aus Mauretanien und Syrien. Denn Zwerge und Verwachsene sowie alle andere Arten von Fehlbildungen waren ihm als Spottgeburten der Natur zuwider, und er betrachtete sie als schlechtes Omen.

84 (1) Mit der Beredsamkeit und den übrigen freien Künsten[117] befasste er sich von frühester Jugend an leidenschaftlich und mit größtem Fleiß. Im Krieg um Mutina[118] soll er trotz seiner gewaltigen Belastungen täglich gelesen, geschrieben und sich im Reden geübt haben. Denn später hat er weder im Senat noch vor dem Volk noch auch vor den Soldaten jemals gespro-

oratione, quamvis non deficeretur ad subita extemporali facultate. (2) ac ne periculum memoriae adiret aut in ediscendo tempus absumeret, instituit recitare omnia. sermones quoque cum singulis atque etiam cum Livia sua graviores non nisi scriptos et e libello habebat, ne plus minusve loqueretur ex tempore. pronuntiabat dulci et proprio quodam oris sono dabatque assidue phonasco operam; sed nonnumquam infirmatis faucibus praeconis voce ad populum contionatus est.

85 (1) Multa varii generis prosa oratione composuit, ex quibus nonnulla in coetu familiarium velut in auditorio recitavit, sicut ›rescripta Bruto de Catone‹, quae volumina cum iam senior ex magna parte legisset, fatigatus Tiberio tradidit perlegenda; item ›hortationes ad philosophiam‹, et aliqua ›de vita sua‹, quam tredecim libris Cantabrico tenus bello nec ultra exposuit. (2) poetica summatim attigit. unus liber extat scriptus ab eo hexametris versibus, cuius et argumentum et titulus est ›Sicilia‹; extat alter aeque modicus ›epigrammatum‹, quae fere tempore balinei meditabatur. nam tragoediam magno impetu exorsus, non succedenti stilo, abolevit quaerentibusque amicis, quidnam Aiax ageret, respondit Aiacem suum in spongiam incubuisse.

chen, ohne seine Rede wohl überlegt und sorgfältig ausgearbeitet zu haben, obwohl es ihm nicht an der Fähigkeit mangelte, in unvorhergesehenen Situationen aus dem Stegreif zu sprechen. (2) Und um zu verhindern, dass ihm das Gedächtnis einen Streich spielte oder er durch Auswendiglernen Zeit verlor, machte er es sich zur Gewohnheit, alles abzulesen. Auch Gespräche mit Einzelpersonen und sogar wichtigere mit seiner Gattin Livia führte er nur, wenn er sie in seinem Notizbuch schriftlich fixiert hatte, um nicht unvorbereitet zu viel oder zu wenig zu sagen. Seine Stimme war angenehm und hatte einen eigentümlichen Klang. Er arbeitete ständig mit einem Deklamationslehrer; aber wenn er manchmal Halsschmerzen hatte, ließ er anstatt seiner einen Herold zum Volk sprechen.

85 (1) Augustus verfasste zahlreiche Prosaschriften[119] verschiedenen Inhalts, von denen er einige im Kreise seiner Freunde, die gewissermaßen die Zuhörerschaft bildeten, vorlas, so etwa *Gegenschrift gegen Brutus' ›Über Cato‹*. Als er den größten Teil dieser Schrift vorgelesen hatte – er war damals bereits älter –, übertrug er erschöpft Tiberius die Aufgabe, die Lektüre fortzusetzen; weiterhin schrieb er *Aufforderungen zur Philosophie*, und ein anderes Werk mit dem Titel *Lebenserinnerungen*, in dem er in 13 Büchern die Ereignisse nur bis zum Kantabrischen Krieg und nicht darüber hinaus dargestellt hat. (2) An poetischen Texten hat er sich nur kurz versucht. Es existiert noch ein einziges von ihm in Hexametern abgefasstes Buch, dessen Inhalt und Titel *Sizilien* ist; daneben gibt es noch ein zweites, das ebenso unbedeutend ist: *Epigramme*; diese Epigramme dachte er sich gewöhnlich im Bad aus. Allerdings hatte er auch mit großem Elan eine Tragödie begonnen, vernichtete sie aber, da sie ihm nicht recht gelingen wollte; auf die Frage seiner Freunde, was denn der Aiax mache, antwortete er, sein Aiax habe sich in den Schwamm gestürzt.[120]

86 (1) Genus eloquendi secutus est elegans et temperatum vitatis sententiarum ineptiis atque concinnitate et ›reconditorum verborum‹, ut ipse dicit, ›fetoribus‹; praecipuamque curam duxit sensum animi quam apertissime exprimere. quod quo facilius efficeret aut necubi lectorem vel auditorem obturbaret ac moraretur, neque praepositiones urbibus addere neque coniunctiones saepius iterare dubitavit, quae detractae afferunt aliquid obscuritatis, etsi gratiam augent. (2) cacozelos et antiquarios, ut diverso genere vitiosos, pari fastidio sprevit exagitabatque nonnumquam; in primis Maecenatem suum, cuius ›myrobrechis‹, ut ait, ›cincinnos‹ usque quaque persequitur et imitando per iocum irridet. sed nec Tiberio parcit et exoletas interdum et reconditas voces aucupanti. M. quidem Antonium ut insanum increpat, quasi ea scribentem, quae mirentur potius homines quam intellegant; deinde ludens malum et inconstans in eligendo genere dicendi ingenium eius, addit haec: (3) ›tuque dubitas, Cimberne Annius an Veranius Flaccus imitandi sint tibi, ita ut verbis, quae Crispus Sallustius excerpsit ex Originibus Catonis, utaris? an potius Asiaticorum oratorum inani[bu]s sententiis verborum volubilitas in nostrum sermonem transferenda?‹ et quadam epistula Agrippinae neptis ingenium conlaudans: ›sed opus est‹, inquit, ›dare te operam, ne moleste scribas et loquaris.‹

87 (1) Cotidiano sermone quaedam frequentius et notabili-

86 (1) Er bemühte sich um einen eleganten und zugleich einfachen Stil, wobei er das alberne Streben nach gekünstelten Pointen und – wie er selbst sagt – »nach dem ekelhaften Geruch ungebräuchlicher Wörter« vermied; besondere Sorge verwandte er darauf, seine Gedanken möglichst klar auszudrücken. Um dies umso leichter zu erreichen und den Leser oder Hörer nirgendwo in Verwirrung zu bringen und aufzuhalten, zögerte er weder bei Städtenamen die Präpositionen hinzuzufügen[121] noch die Konjunktionen häufiger zu wiederholen, deren Fortlassung zuweilen zu Missverständnissen führt, auch wenn der Stil gefälliger wird. (2) Er empfand gleiche Abneigung gegen die Nachäffer (eines modernen Stils) wie gegen die Altertümelnden, weil sie beide entgegengesetzte Fehler begehen, und setzte sie daher zuweilen seinem Spott aus; insbesondere betraf dies seinen Freund Maecenas, dessen, wie er es nannte, »parfümierte Schnörkeleien« er ständig kritisierte und, indem er sie im Scherz nachahmte, verspottete. Aber er verschonte auch Tiberius nicht, der manchmal auf der Jagd nach in Vergessenheit geratenen und ungebräuchlichen Ausdrücken war. M. Antonius freilich tadelte er als einen Wahnsinnigen, weil er Dinge schreibe, die für die Leute eher erstaunlich als verständlich sein sollten; dann fügte er, indem er seinen schlechten und unsicheren Geschmack in der Wahl der Redeweise verspottete, noch Folgendes hinzu: (3) »Und du hegst noch Zweifel, ob du Cimber Annius oder Veranius Flaccus nachahmen sollst, indem du die Wörter verwendest, die Crispus Sallustius aus den *Origines* des Cato exzerpiert hat, oder ob du vielmehr die gedankenleere Wortfülle der asiatischen Redner auf unsere Sprache übertragen sollst?«[122] Und in einem Brief, in dem er die Begabung seiner Enkelin Agrippina lobte, sagte er: »Aber du musst darauf achten, dass du nicht schwerfällig schreibst oder sprichst.«

87 (1) Dass er in der täglichen Umgangssprache gewisse Aus-

ter usurpasse eum, litterae ipsius autographae ostentant, in quibus identidem, cum aliquos numquam soluturos significare vult, ›ad K(a)l(endas) Graecas soluturos‹ ait; et cum hortatur ferenda esse praesentia, qualiacumque sint: ›contenti simus hoc Catone‹; et ad exprimendam festinatae rei velocitatem: ›celerius quam asparagi cocuntur‹. (2) ponit assidue et pro stulto baceolum apud pullum pulleiaceum et pro cerrito vacerrosum et vapide se habere pro male et betizare pro languere, quod vulgo lachanizare dicitur; item simus pro sumus et domos genetivo casu singulari pro domuos. nec umquam aliter haec duo, ne quis mendam magis quam consuetudinem putet.

(3) Notavi et in chirographo eius illa praecipue: non dividit verba nec ab extrema parte versuum abundantis litteras in alterum transfert, sed ibidem statim subicit circumducitque.

88 Orthographiam, id est formulam rationemque scribendi a grammaticis institutam, non adeo custodi[i]t ac videtur eorum potius sequi opinionem, qui perinde scribendum ac loquamur existiment. nam quod saepe non litteras modo sed syllabas aut permutat aut praeterit, communis hominum error est. nec ego id notarem, nisi mihi mirum videretur tradidisse

drücke häufiger und in auffälliger Weise verwendete, zeigen seine eigenhändig verfassten Briefe, in denen er immer wieder sagt, wenn er andeuten will, dass jemand niemals seine Schulden bezahlen werde, er werde sie »an den griechischen Kalenden bezahlen«;[123] und wenn er jemanden ermutigt, die Zeiten zu ertragen, wie sie sind: »Lasst uns mit unserem Cato zufrieden sein«;[124] und um die Schnelligkeit einer schleunig vollbrachten Angelegenheit auszudrücken: »schneller, als Spargel gekocht wird«. (2) Er verwendet fortwährend für *stultus* [»dumm«] *baceolus* [»stockdumm«], für *pullus* [»dunkelfarbig«] *pulleiaceus* [»schwarzfarbig«] und für *cerritus* [»verrückt«] *vacerrosus* [»vernagelt«]; *vapide se habere* [»Katzenjammer haben«] für *male se habere* [»sich schlecht fühlen«], *betizare* [»weich wie Mangold sein«] für *languere* [»schlaff sein«], was im Volksmund *lachanizare* [»dem Gemüsekraut gleichen«] heißt. Ebenso verwendet er *simus* [»wir sollen sein«] für *sumus* [»wir sind«] und *domos* im Genitiv Singular für *domuos* [»des Hauses«],[125] und niemals schrieb er diese zwei Wörter anders; es soll also niemand glauben, es handle sich etwa um Schreibfehler und nicht um seine Gewohnheit.

(3) Ich habe bei seiner Handschrift insbesondere Folgendes beobachtet: Er trennt die Wörter nicht, und am Ende der Zeilen überträgt er die überzähligen Buchstaben nicht auf die folgende Zeile, sondern fügt sie sogleich ebendort unter die Wörter und zieht sie mit einem Bogen in die obere Zeile.

88 Die Orthographie, das heißt die von den Grammatikern eingeführten Normen der Rechtschreibung, hat er nicht so genau beachtet und scheint vielmehr der Meinung derer gefolgt zu sein, welche die Auffassung vertreten, man müsse schreiben, wie man spreche. Denn dass er häufig nicht nur Buchstaben, sondern sogar Silben verwechselt oder auslässt, ist ein Fehler, der jedem unterlaufen kann. Ich würde es auch gar nicht anmerken, wenn nicht zu meinem Erstaunen einige Schrift-

aliquos, legato eum consulari successorem dedisse ut rudi et indocto, cuius manu ixi pro ipsi scriptum animadverterit. quotiens autem per notas scribit, B pro A, C pro B ac deinceps eadem ratione sequentis litteras ponit; pro X autem duplex A.

89 (1) Ne Graecarum quidem disciplinarum leviore studio tenebatur. in quibus et ipsis praestabat largiter magistro dicendi usus Apollodoro Pergameno, quem iam grandem natu Apolloniam quoque secum ab urbe iuvenis adhuc eduxerat, deinde eruditione etiam varia repletus [s]per Arei philosophi filiorumque eius Dionysi et Nicanoris contubernium; non tamen ut aut loqueretur expedite aut componere aliquid auderet; nam et si quid res exigeret, Latine formabat vertendumque alii dabat. sed plane poematum quoque non imperitus, delectabatur etiam comoedia veteri et saepe eam exhibuit spectaculis publicis. (2) In evolvendis utriusque linguae auctoribus nihil aeque sectabatur, quam praecepta et exempla publice vel privatim salubria, eaque ad verbum excerpta aut ad domesticos aut ad exercituum provinciarumque rectores aut ad urbis magistratus plerumque mittebat, prout quique monitione indigerent. etiam libros totos et senatui recitavit et populo notos per edictum saepe fecit, ut orationes Q. Metelli ›de prole au-

steller überliefert hätten, dass Augustus einmal für einen Legaten im Rang eines Konsulars einen Nachfolger bestellt habe, da er ihn für völlig ungebildet hielt, weil er festgestellt habe, dass dieser *ixi* statt *ipsi* [etwa: »selpst« statt »selbst«] geschrieben hatte. Sooft Augustus aber seinen Text verschlüsselte, setzte er ein B für ein A, ein C für ein B und so weiter, für X aber benutzte er ein zweifaches A.

89 (1) Nicht geringeren Eifer verwandte Augustus auf das Studium der griechischen Sprache und Literatur. Auch auf diesem Gebiet zeichnete er sich besonders aus, wobei er als Redelehrer Apollodor von Pergamon hinzuzog. Ihn, der bereits hochbetagt war, hatte Augustus als junger Mann auch von Rom nach Apollonia[126] mitgenommen. In späterer Zeit eignete er sich durch den Umgang mit dem Philosophen Areios[127] und dessen Söhnen Dionysios und Nikanor noch eine umfassendere Bildung an. Dennoch beherrschte er das Griechische nicht so gut, dass er fließend sprechen oder es wagen konnte, etwas in dieser Sprache abzufassen; denn wenn es die Sachlage erforderte, setzte er den Text lateinisch auf und ließ ihn dann von einem anderen übersetzen. Aber auf dem Gebiet der griechischen Poesie kannte er sich sehr gut aus, hatte auch ganz besondere Freude an der Alten Komödie und ließ anlässlich öffentlicher Spiele oft Stücke der Alten Komödie aufführen. (2) Beim Studium der Schriftsteller beider Sprachen achtete er im besonderen Maße auf solche Vorschriften und Beispiele, die für das öffentliche wie auch für das private Leben von großem Nutzen waren; diese schrieb er wörtlich heraus und sandte sie meistens entweder an die Mitglieder seines Hauses, an die Heerführer und Provinzstatthalter oder auch an die Amtsträger der Stadt, je nachdem, wie sie einer Ermahnung zu bedürfen schienen. Er las dem Senat sogar ganze Bücher vor und setzte das Volk durch ein Edikt davon in Kenntnis, wie etwa von der Rede des Q. Metellus[128] *Die Hebung der Geburtenrate*

genda‹ et Rutili ›de modo aedificiorum‹, quo magis persuaderet utramque rem non a se primo animadversam, sed antiquis iam tunc curae fuisse.

(3) Ingenia saeculi sui omnibus modis fovit. recitantis et benigne et patienter audiit, nec tantum carmina et historias, sed et orationes et dialogos. componi tamen aliquid de se nisi et serio et a praestantissimis offendebatur, admonebatque praetores ne paterentur nomen suum commissionibus obsolefieri.

90 Circa religiones talem accepimus. tonitrua et fulgura paulo infirmius expavescebat, ut semper et ubique pellem vituli marini circumferret pro remedio atque ad omnem maioris tempestatis suspicionem in abditum et concamaratum locum se reciperet, consternatus olim per nocturnum iter transcursu fulguris, ut praediximus.

91 (1) Somnia neque sua neque aliena de se neglegebat. Philippensi acie quamvis statuisset non egredi tabernaculo propter valitudinem, egressus est tamen amici somnio monitus; cessitque res prospere, quando captis castris lectica eius, quasi ibi cubans remansisset, concursu hostium confossa atque lacerata est. ipse per omne ver plurima et formidulosissima et vana et

und der Rede des Rutilius[129] *Einschränkung beim Häuserbau*, um dem Volk umso deutlicher zu machen, dass diese beiden Anordnungen nicht erst von ihm herrührten, sondern dass dies schon den Vorfahren am Herzen gelegen hatte.

(3) Begabte Zeitgenossen förderte er auf alle erdenkliche Art und Weise. Augustus hörte ihnen nachsichtig und geduldig zu, wenn sie ihre Werke vorlasen, und zwar nicht nur Gedichte und historische Werke, sondern auch Reden und Dialoge. Er nahm jedoch daran Anstoß, wenn etwas über ihn selbst geschrieben wurde, es sei denn, dass die Schriften seriös waren und von den vortrefflichsten Schriftstellern verfasst wurden; er ermahnte die Prätoren, nicht zuzulassen, dass sein Name bei rhetorischen Wettkämpfen an Ansehen verliere.

90 Über seinen Aberglauben haben wir Folgendes in Erfahrung gebracht: Bei Donner und Blitz geriet er gewöhnlich geradezu in Panik, so dass er stets überall als Abwehrmittel das Fell einer Robbe mit sich führte und sich bei dem geringsten Verdacht, dass ein stärkeres Gewitter heraufziehen könnte, in einen verborgenen und mit einem Gewölbe ausgestatteten Ort zurückzog, da er einst – wie wir bereits zuvor berichtet haben[130] – bei einer nächtlichen Fahrt durch einen Blitzschlag völlig außer sich geraten war.

91 (1) Er pflegte weder seine eigenen Träume zu ignorieren noch das, was fremde Personen von ihm träumten. Obgleich er in der Schlacht von Philippi[131] beschlossen hatte, sein Zelt wegen einer Unpässlichkeit nicht zu verlassen, tat er dies dennoch, nachdem er durch den Traum eines Freundes gewarnt worden war; und dies war sein Glück, weil das Lager eingenommen und seine Sänfte, in der sie ihn krank daniederliegend vermuteten, von den heranstürmenden Feinden durchbohrt und völlig zerfetzt wurde. Er selbst hatte im Verlauf eines jeden Frühlings zahlreiche und besonders schreckliche Träume, die sich aber als nichtig und folgenlos herausstellten, wo-

irrita videbat, reliquo tempore rariora et minus vana. (2) cum dedicatam in Capitolio aedem Tonanti Iovi assidue frequentaret, somniavit queri Capitolinum Iovem cultores sibi abduci seque respondisse Tonantem pro ianitore ei appositum; ideoque mox tintinnabulis fastigium aedis redimiit, quod ea fere ianuis dependebant. ex nocturno visu etiam stipem quotannis die certo emendicabat a populo cavam manum asses porrigentibus praebens.

92 (1) Auspicia et omina quaedam pro certissimis observabat: si mane sibi calceus perperam ac sinister pro dextro induceretur, ut dirum; si terra marive ingrediente se longinquam profectionem forte rorasset, ut laetum maturique et prosperi reditus. sed et ostentis praecipue movebatur. enatam inter iuncturas lapidum ante domum suam palmam in conpluvium deorum Penatium transtulit, utque coalesceret magno opere curavit. (2) apud insulam Capreas veterrimae ilicis demissos iam ad terram languentisque ramos convaluisse adventu suo, adeo laetatus est, ut eas cum re p. Neapolitanorum permutaverit Aenaria data. obseruabat et dies quosdam, ne aut postridie nundinas quoquam proficisceretur aut Nonis quicquam rei

gegen er in der restlichen Zeit des Jahres zwar seltener an Albträumen litt, diese sich dafür aber häufiger bewahrheiteten. (2) In dem Zeitraum, in dem er einen dem Iuppiter Tonans auf dem Kapitol geweihten Tempel oft aufsuchte, träumte er, der kapitolinische Iuppiter beklage sich darüber, dass ihm die Verehrer entzogen würden, und er, Augustus, habe zur Antwort gegeben, Iuppiter Tonans sei ihm lediglich als Türhüter beigegeben worden; aus diesem Grund ließ Augustus später den Giebel des Tempels mit Schellen schmücken, wie sie gewöhnlich an den Türen hingen. Ebenfalls aufgrund einer nächtlichen Erscheinung pflegte er alljährlich an einem bestimmten Tag das Volk um eine kleine Spende anzubetteln und streckte denen, die ihm ein As geben wollten, die hohle Hand entgegen.

92 (1) Gewisse Vorzeichen und Vorbedeutungen beachtete Augustus besonders genau: Wenn er sich frühmorgens die Schuhe verkehrt anzog, den linken statt des rechten, so erkannte er darin etwas Unheilvolles; wenn er eine ausgedehnte Reise zu Lande oder zu Wasser antrat und zufällig Tau gefallen war, so legte er dies als ein glückverheißendes Vorzeichen einer rechtzeitigen und gesunden Rückkehr aus. Aber auch durch Wunderzeichen ließ er sich gewöhnlich beeindrucken. Eine zwischen den Steinfugen vor seinem Haus emporgesprossene Palme ließ er in den Hofraum bringen, in dem die Statuen der Hausgötter aufgestellt waren, und seine besondere Sorge galt ihrem Gedeihen. (2) Über die Tatsache, dass auf der Insel Capri die bereits bis zur Erde kraftlos herabhängenden Zweige einer sehr alten Steineiche sich bei seiner Ankunft wieder aufgerichtet hatten, freute er sich so sehr, dass er sich von der Verwaltung der Stadt Neapel Capri im Tausch gegen die Insel Aenaria geben ließ. Er beobachtete auch gewisse Tage ganz genau, so dass er weder am Tag nach den Nundinen [»Wochenmarkt«] irgendwohin reiste noch an den Nonen etwas Wichti-

seriae incoharet; nihil in hoc quidem aliud devitans, ut ad Tiberium scribit, quam δυσφημίαν nominis.

93 Peregrinarum caerimoniarum sicut veteres ac praeceptas reverentissime coluit, ita ceteras contemptui habuit. namque Athenis initiatus, cum postea Romae pro tribunali de privilegio sacerdotum Atticae Cereris cognosceret et quaedam secretiora proponerentur, dimisso consilio et corona circumstantium solus audiit disceptantes. at contra non modo in peragranda Aegypto paulo deflectere ad visendum Apin supersedit, sed et Gaium nepotem, quod Iudaeam praetervehens apud Hierosolyma[m] non supplicasset, conlaudavit.

94 (1) Et quoniam ad haec ventum est, non ab re fuerit subtexere, quae ei prius quam nasceretur et ipso natali die ac deinceps evenerint, quibus futura magnitudo eius et perpetua felicitas sperari animadvertique posset.

(2) Velitris antiquitus tacta de caelo parte muri responsum est eius oppidi civem quandoque rerum potiturum; qua fiducia Veliterni et tunc statim et postea saepius paene ad exitium sui cum populo R. belligeraverant; sero tandem documentis apparuit ostentum illud Augusti potentiam portendisse.

(3) Auctor est Iulius Marathus, ante paucos quam nasceretur menses prodigium Romae factum publice, quo denuntiabatur, regem p(opulo) R(omano) naturam parturire; senatum exter-

ges begann; ihn halte nichts anderes davon ab, wie er an Tiberius schreibt, als die ungünstige Vorbedeutung dieses Wortes.

93 Von den nichtrömischen Feierlichkeiten beging er die alten und seit langer Zeit veranstalteten ebenso ehrerbietig, wie er die übrigen verachtete. In Athen nämlich hatte er sich in die Mysterien einweihen lassen, und als er in späterer Zeit in Rom bei einer öffentlichen Gerichtssitzung eine Untersuchung über ein Vorrecht der Priester der attischen Ceres führte und bestimmte Geheimnisse besprochen werden mussten, entließ er das Richterkollegium sowie die versammelten Zuhörer und verhörte allein die streitenden Parteien. Hingegen ersparte er es sich, bei seiner Reise durch Ägypten einen kleinen Umweg zu machen, um das Apis-Heiligtum zu besuchen; ja, er lobte seinen Enkel Gaius ausdrücklich dafür, dass dieser, als er an Judäa vorbeifuhr, in Jerusalem kein Opfer dargebracht habe.

94 (1) Und weil wir auf diese Ereignisse zu sprechen gekommen sind, dürfte es auch angebracht sein, hier die Dinge einzufügen, die sich vor seiner Geburt, am Tag seiner Geburt und danach zugetragen haben und die seine zukünftige Größe und sein immerwährendes Glück erhoffen und erkennen ließen.

(2) In alter Zeit war in Velitrae ein Teil der Stadtmauer von einem Blitz getroffen worden; dies wurde so interpretiert, dass ein Bürger dieser Stadt sich irgendwann einmal der Herrschaft bemächtigen werde; im Vertrauen darauf hatten die Einwohner von Velitrae damals sofort und auch in späterer Zeit recht häufig gegen das römische Volk Kriege geführt, was beinahe ihren Untergang verursacht hätte. Erst später wurde durch die Tatsachen deutlich, dass jenes Zeichen die Macht des Augustus prophezeit hatte.

(3) Wie Iulius Marathus[132] berichtet, habe sich wenige Monate vor der Geburt des Augustus in Rom in aller Öffentlichkeit ein Wunderzeichen ereignet, durch das verkündet wurde, dass die Natur gerade dabei sei, dem römischen Volk einen Kö-

ritum censuisse, ne quis illo anno genitus educaretur; eos qui gravidas uxores haberent, quod ad se quisque spem traheret, curasse ne senatus consultum ad aerarium deferretur.

(4) In Asclepiadis Mendetis Theologumenon libris lego, Atiam, cum ad sollemne Apollinis sacrum media nocte venisset, posita in templo lectica, dum ceterae matronae dormirent, obdormisse; draconem repente irrepsisse ad eam pauloque post egressum; illam expergefactam quasi a concubitu mariti purificasse se; et statim in corpore eius extitisse maculam velut picti draconis nec potuisse umquam exigi, adeo ut mox publicis balineis perpetuo abstinuerit; Augustum natum mense decimo et ob hoc Apollinis filium existimatum. eadem Atia, prius quam pareret, somniavit intestina sua ferri ad sidera explicarique per omnem terrarum et caeli ambitum. somniavit et pater Octavius utero Atiae iubar solis exortum.

(5) Quo natus est die, cum de Catilinae coniuratione ageretur in curia et Octavius ob uxoris puerperium serius affuisset, nota ac vulgata res est P. Nigidium comperta morae causa, ut horam quoque partus acceperit, affirmasse dominum terrarum orbi natum. Octavio postea, cum per secreta Thraciae exerci-

nig zu gebären. Der in Schrecken versetzte Senat habe daraufhin beschlossen, dass kein Kind aufgezogen werden dürfe, das in diesem Jahr geboren werde; die Männer aber, die schwangere Frauen hatten, hätten dafür gesorgt, dass der besagte Senatsbeschluss nicht rechtskräftig wurde, weil ein jeder die Prophezeiung mit seinem Kind in Verbindung gebracht habe.

(4) In den *Untersuchungen über Gott und göttliche Dinge* des Asklepiades aus Mendes lese ich: Atia habe sich um Mitternacht zu einem feierlichen Opfer für Apollo begeben; nachdem ihre Sänfte im Tempel abgestellt worden war, sei sie, während die übrigen Frauen schliefen, ebenfalls eingeschlafen. Plötzlich sei eine Schlange zu ihr in die Sänfte gekommen, sei dann aber kurz darauf wieder hinausgekrochen. Nach ihrem Erwachen habe sie sich gereinigt, wie wenn ihr Gatte mit ihr den Beischlaf vollzogen hätte. Und sogleich sei auf ihrem Körper ein Fleck, der wie eine aufgemalte Schlange aussah, entstanden, und dieser Fleck habe niemals mehr entfernt werden können, so dass sie daraufhin für immer auf den Besuch in einem öffentlichen Bad verzichten musste. Augustus sei im zehnten Monat danach geboren und wegen dieses Vorfalls für einen Sohn Apollos gehalten worden. Ebenso träumte Atia kurz vor ihrer Niederkunft, ihre Eingeweide würde zu den Sternen emporgetragen und sich über die gesamte Erde und den ganzen Himmel ausbreiten. Es träumte auch der Vater von Augustus, Octavius, dass aus Atias Schoß das strahlende Licht der Sonne aufgegangen sei.

(5) Am Tag von Augustus' Geburt wurde im Senat über die Verschwörung des Catilina verhandelt, und Octavius konnte wegen der Niederkunft seiner Gattin erst verspätet an der Sitzung teilnehmen; es ist ja eine allgemein bekannte Tatsache, dass P. Nigidius, sobald er den Grund für die Verspätung und auch die Stunde der Geburt erfahren hatte, erklärt hat, es sei der Herr der Welt geboren worden. Als Octavius später sein

tum duceret, in Liberi patris luco barbara caerimonia de filio consulenti, idem affirmatum est a sacerdotibus, quod infuso super altaria mero tantum flammae emicuisset, ut supergressa fastigium templi ad caelum usque ferretur, unique omnino Magno Alexandro apud easdem aras sacrificanti simile provenisset ostentum. (6) atque etiam sequenti statim nocte videre visus est filium mortali specie ampliorem, cum fulmine et sceptro exuviisque Iovis Optimi Maximi ac radiata corona, super laureatum currum, bis senis equis candore eximio trahentibus. infans adhuc, ut scriptum apud C. Drusum extat, repositus vespere in cunas a nutricula loco plano, postera luce non comparuit diuque quaesitus tandem in altissima turri repertus est iacens contra solis exortum.

(7) Cum primum fari coepisset, in avito suburbano obstrepentis forte ranas silere iussit, atque ex eo negantur ibi ranae coaxare. ad quartum lapidem Campanae viae in nemore prandenti ex inproviso aquila panem ei e manu rapuit et, cum altissime evolasset, rursus ex inproviso leniter delapsa reddidit.

(8) Q. Catulus post dedicatum Capitolium duabus continuis noctibus somniavit: prima, Iovem Optimum Maximum e praetextatis compluribus circum aram ludentibus unum secrevisse atque in eius sinum signum rei p. quod manu gestaret re-

Heer durch abgelegene Orte Thrakiens führte und nach Brauch der Barbaren in einem Hain des Bacchus den Gott über seinen Sohn befragte, wurde ihm von den Priestern dasselbe bestätigt; denn der über den Altar gegossene Wein ließ eine so hohe Flamme hervorschießen, dass sie über dem Giebel des Tempels bis zum Himmel emporstieg, ein Wunderzeichen, das sich in ähnlicher Weise überhaupt nur Alexander dem Großen offenbart habe, als er auf denselben Altären ein Opfer darbrachte. (6) Und sofort in der folgenden Nacht glaubte Octavius seinen Sohn sogar in übermenschlicher Größe zu sehen, mit Blitz und Zepter, in den Prachtgewändern des Iuppiter Optimus Maximus und mit einer Strahlenkrone, hoch oben auf einem lorbeergeschmückten Wagen, den zweimal sechs weißglänzende Pferde zogen. Als Augustus noch ein ganz kleines Kind war – wie bei C. Drusus zu lesen ist –, wurde er eines Abends von seiner Amme im Erdgeschoss in die Wiege gelegt; am nächsten Morgen war er zunächst nicht auffindbar, wurde aber schließlich nach langem Suchen hoch oben in einem Turm entdeckt, wo er dem Sonnenaufgang zugewandt da lag.

(7) Als er angefangen hatte zu sprechen, befahl er auf dem Landgut seines Großvaters in der Nähe Roms, den gerade quakenden Fröschen zu schweigen, und wie man sagt, quaken die Frösche dort seitdem nicht mehr. Als er in einem Wald beim vierten Meilenstein[133] der Kampanischen Straße frühstückte, riss ihm unversehens ein Adler das Brot aus der Hand, stieg sehr hoch auf, schwebte dann sanft wieder herab und gab es Augustus ebenso unerwartet zurück.

(8) Quintus Catulus träumte nach der Einweihung des Kapitols in zwei aufeinanderfolgenden Nächten dies: In der ersten, Iuppiter Optimus Maximus habe einen von mehreren Knaben, die um einen Altar herum spielten, zur Seite genommen und das Bild des römischen Staates, das er in Händen hielt, auf dessen Schoß gelegt; in der zweiten Nacht aber habe er auf dem

posuisse; at insequenti, animadvertisse se in gremio Capitolini Iovis eundem puerum, quem cum detrahi iussisset, prohibitum monitu dei, tamquam is ad tutelam rei p. educaretur; ac die proximo obvium sibi Augustum, cum incognitum alias haberet, non sine admiratione contuitus simillimum dixit puero, de quo somniasset. quidam prius somnium Catuli aliter exponunt, quasi Iuppiter compluribus praetextatis tutorem a se poscentibus unum ex eis demonstrasset, ad quem omnia desideria sua referrent, eiusque osculum delibatum digitis ad os suum ret⟨t⟩ulisset.

(9) M. Cicero C. Caesarem in Capitolium prosecutus somnium pristinae noctis familiaribus forte narrabat: puerum facie liberali demissum e caelo catena aurea ad fores Capitoli constitisse eique Iovem flagellum tradidisse; deinde repente Augusto viso, quem ignotum plerisque adhuc avunculus Caesar ad sacrificandum acciverat, affirmavit ipsum esse, cuius imago secundum quietem sibi obversata sit.

(10) Sumenti virilem togam tunica lati clavi resuta ex utraque parte ad pedes decidit. fuerunt qui interpretarentur, non aliud significare, quam ut is ordo cuius insigne id esset quandoque ei subiceretur.

(11) Apud Mundam Divus Iulius castris locum capiens cum silvam caederet, arborem palmae repertam conservari ut omen victoriae iussit; ex ea continuo enata suboles adeo in paucis

Schoß des kapitolinischen Iuppiter denselben Knaben bemerkt und sei, als er befohlen habe, ihn herunterzuziehen, auf Weisung der Götter daran gehindert worden, mit dem Hinweis, der Knabe werde zum Schutz des Staates aufgezogen. Und am nächsten Tag sei ihm Augustus begegnet, der ihm sonst gänzlich unbekannt war, und er habe ihn voller Verwunderung angeschaut und gesagt, er gleiche bis aufs Haar dem Knaben, von dem er geträumt habe. Einige aber erzählen den ersten Traum des Catulus anders, nämlich in der Weise, dass Iuppiter, als mehrere Knaben von ihm einen Vormund forderten, auf einen von ihnen gezeigt habe, dem sie alle ihre Wünsche vortragen sollten, er habe dessen Mund mit den Fingern gestreichelt und sie dann an seinen eigenen Mund geführt.

(9) Als Marcus Cicero den Gaius Caesar auf das Kapitol begleitete, erzählte er seinen Freunden nebenbei einen Traum, den er in der vergangenen Nacht gehabt hatte: Ein Knabe von vornehmem Aussehen sei an einer goldenen Kette vom Himmel herabgelassen worden, habe sich vor dem Eingang des Kapitols aufgestellt, und Iuppiter habe ihm eine Geißel überreicht. Da erblickte Cicero plötzlich Augustus, der den meisten bis dahin unbekannt war und den sein Onkel Caesar zum Opfer hinzugezogen hatte, und versicherte, dies sei genau der Knabe, dessen Bild ihm im Schlaf erschienen sei.

(10) Als Augustus die Männertoga anlegte, fiel die Tunika mit dem breiten Purpursaum zu seinen Füßen, da sich zu beiden Seiten die Nähte gelöst hatten. Einige legten dies als Zeichen dafür aus, dass der Stand, dessen Ehrenzeichen dieser Saum war, Augustus einmal unterstellt sein werde.[134]

(11) Als der vergöttlichte Iulius bei Munda einen Wald schlagen ließ, um einen Platz für sein Lager zu haben, gab er den Befehl, die Palme, die man darin gefunden hatte, als gutes Vorzeichen für den Sieg zu schonen; ein Reis aus dieser Palme, das gleich darauf hervorspross, wuchs in wenigen Tagen zu solcher

diebus adolevit, ut non aequiperaret modo matricem, verum et obtegeret frequentareturque columbarum nidis, quamvis id avium genus duram et asperam frondem maxime vitet. illo et praecipue ostento motum Caesarem ferunt, ne quem alium sibi succedere quam sororis nepotem vellet.

(12) In secessu Apolloniae Theogenis mathematici pergulam comite Agrippa ascenderat; cum Agrippae, qui prior consulebat, magna et paene incredibilia praedicerentur, reticere ipse genituram suam nec velle edere perseverabat, metu ac pudore ne minor inveniretur. qua tamen post multas adhortationes vix et cunctanter edita exilivit Theogenes adoravitque eum. tantam mox fiduciam fati Augustus habuit, ut thema suum vulgaverit nummumque argenteum nota sideris Capricorni, quo natus est, percusserit.

95 Post necem Caesaris reverso ab Apollonia et ingrediente eo urbem repente liquido ac puro sereno circulus ad speciem caelestis arcus orbem solis ambiit ac subinde Iuliae Caesaris filiae monimentum fulmine ictum est. primo autem consulatu et augurium capienti duodecim se vultures ut Romulo ostenderunt et immolanti omnium victimarum iocinera replicata intrinsecus ab ima fibra paruerunt, nemine peritorum aliter coiectante quam laeta per haec et magna portendi.

96 (1) Quin et bellorum omnium eventus ante praesensit. contractis ad Bononiam triumvirorum copiis aquila tentorio

Höhe empor, dass es dem Stamm nicht nur an Größe gleichkam, sondern ihn sogar überwucherte und viele Tauben dort ihre Nester bauten, obgleich diese Vogelart hartes und raues Laub sonst ganz und gar meidet. Man behauptet, dass Caesar hauptsächlich durch dieses Vorzeichen dazu bewegt worden sei, sich keinen anderen zu seinem Nachfolger auszusuchen als den Enkel seiner Schwester.

(12) Als sich Augustus in dem abgelegenen Apollonia[135] aufhielt, hatte er in Begleitung Agrippas das Observatorium des Astrologen Theogenes bestiegen. Als dem Agrippa, der ihn als Erster befragte, große und beinahe unglaubliche Dinge vorausgesagt wurden, verschwieg Augustus selbst seine Geburtsstunde und weigerte sich, sie zu nennen, aus Furcht und Scham, als weniger bedeutend befunden zu werden. Nachdem er sie dennoch nach zahlreichen Ermunterungen mit Mühe und zögernd angegeben hatte, sprang Theogenes auf und bezeugte ihm seine Verehrung. In späterer Zeit hatte Augustus ein solches Vertrauen in sein Schicksal, dass er sein Sternbild allgemein bekanntgab und eine silberne Münze mit dem Zeichen des Steinbocks, in dem er geboren ist, prägen ließ.

95 Als er nach der Ermordung Caesars von Apollonia zurückkehrte und Rom betrat, umgab plötzlich bei klarem und heiterem Himmel ein Kreis nach Art eines Regenbogens die Sonne, und gleich darauf wurde das Grabmal von Caesars Tochter Iulia von einem Blitz getroffen. In seinem ersten Konsulat aber, als er ein Augurium[136] einholte, zeigten sich ihm zwölf Geier, wie dem Romulus, und beim Opfer schien die Leber aller Opfertiere von der untersten Faser nach innen verschlungen; kein Kundiger fasste dies anders auf, als dass dadurch großes Glück prophezeit werde.

96 (1) Ja sogar den Ausgang aller Kriege ahnte Augustus voraus. Als die Truppen der Triumvirn[137] bei Bononia zusammengezogen worden waren, setzte sich ein Adler auf sein Zelt und

eius supersedens duos corvos hinc et inde infestantis afflixit et ad terram dedit, notante omni exercitu futuram quandoque inter collegas discordiam talem qualis secuta est, at⟨que⟩ exitum praesagiente. ⟨...⟩ Philippo⟨s⟩ Thessalus quidam de futura victoria nuntiavit auctore Divo Caesare, cuius sibi species itinere avio occurrisset.

(2) Circa Perusiam sacrificio non litanti cum augeri hostias imperasset ac subita eruptione hostes omnem rei divinae apparatum abstulissent, constitit inter haruspices, quae periculosa et adversa sacrificanti denuntiata essent, cuncta in ipsos recasura qui exta haberent; neque aliter evenit. pridie quam Siciliensem pugnam classe committeret, deambulanti in litore piscis e mari exilivit et ad pedes iacuit. apud Actium descendenti in aciem asellus cum asinario occurrit: homini Eutychus, bestiae Nicon erat nomen; utriusque simulacrum aeneum victor posuit in templo, in quod castrorum suorum locum vertit.

97 (1) Mors quoque eius, de qua dehinc dicam, divinitasque post mortem evidentissimis ostentis praecognita est. cum lustrum in campo Martio magna populi frequentia conderet, aquila eum saepius circumvolavit transgressaque in vicinam aedem super nomen Agrippae ad primam litteram sedit; quo animadverso vota, quae in proximum lustrum suscipi mos est, collegam suum Tiberium nuncupare iussit: nam se, quanquam

richtete zwei Raben, die ihn von zwei Seiten angriffen, übel zu und warf sie zu Boden; daraus folgerte das gesamte Heer einen zukünftigen Streit zwischen den Amtskollegen, der sich dann auch tatsächlich einstellte, und sagte den Ausgang voraus. Bei Philippi kündigte ihm ein Mann aus Thessalien im Auftrag des göttlichen Caesar, dessen Gestalt ihm auf einem abgelegenen Weg begegnet sei, den zukünftigen Sieg an.

(2) Als er in der Nähe von Perusia, da ihm das Opfer keinen guten Ausgang versprach, die Zahl der Opfertiere zu erhöhen befohlen hatte und die Feinde in einem plötzlichen Vorstoß die gesamten Opfergeräte und -tiere geraubt hatten, stimmten die Opferschauer[138] darin überein, dass alle Gefahren und Widrigkeiten, die dem Opfernden vorausgesagt worden waren, auf diejenigen fallen würden, die die Eingeweide besäßen. Und so geschah es. Als er am Tag vor der Seeschlacht bei Sizilien auf dem Strand spazieren ging, sprang ein Fisch aus dem Meer und blieb vor seinen Füßen liegen. Bei Actium begegnete ihm, als er in die Schlacht zog, ein Esel mit einem Eseltreiber: der Mann hieß Eutychos [»Glückskind«], das Tier Nikon [»Sieger«]; für beide stellte er nach seinem Sieg ein ehernes Standbild in dem Tempel auf, den er dort, wo sich sein Lager befunden hatte, errichtete.

97 (1) Auch sein Tod, über den ich nun reden werde, und seine Aufnahme unter die Götter nach seinem Tod wurden durch besonders augenscheinliche Zeichen im Voraus angekündigt. Als er auf dem Marsfeld vor zahlreich versammelter Volksmenge das Reinigungsopfer verrichtete, flog ein Adler mehrmals um ihn herum, schwang sich auf den Tempel, der sich in der Nähe befand, und ließ sich auf dem Namenszug des Agrippa nieder, und zwar über dem ersten Buchstaben.[139] Sobald Augustus das bemerkt hatte, befahl er seinem Kollegen Tiberius, die für die nächste Amtsperiode üblichen Gelübde zu sprechen; denn Augustus weigerte sich, Gelübde, obwohl sie

conscriptis paratisque iam tabulis, negavit suscepturum quae non esset soluturus. (2) sub idem tempus ictu fulminis ex inscriptione statuae eius prima nominis littera effluxit; responsum est, centum solos dies posthac victurum, quem numerum C littera notaret, futurumque ut inter deos referretur, quod aesar, id est reliqua pars e Caesaris nomine, Etrusca lingua deus vocaretur.

(3) Tiberium igitur in Illyricum dimissurus et Beneventum usque prosecuturus, cum interpellatores aliis atque aliis causis in iure dicendo detinerent, exclamavit, quod et ipsum mox inter omina relatum est: non, si omnia morarentur, amplius se posthac Romae futurum; atque itinere incohato Asturam perrexit et inde praeter consuetudinem de nocte ad occasionem aurae evectus causam valitudinis contraxit ex profluvio alvi.

98 (1) Tunc Campaniae ora proximisque insulis circuitis Caprearum quoque secessui quadriduum impendit remississimo ad otium et ad omnem comitatem animo.

(2) Forte Puteolanum sinum praetervehenti vectores nautaeque de navi Alexandrina, quae tantum quod appulerat, candidati coronatique et tura libantes fausta omina et eximias laudes congesserant: per illum se vivere, per illum navigare, libertate atque fortunis per illum frui. qua re admodum exhila-

bereits schriftlich fixiert bereit lagen, zu leisten, die er nicht mehr einzulösen in der Lage wäre. (2) Annähernd zur selben Zeit verschwand infolge eines Blitzschlages der erste Buchstabe seines Namens aus der Inschrift seiner Statue. Dies wurde von den Priestern so gedeutet, dass Augustus lediglich noch 100 Tage leben werde, denn diese Zahl bedeutet der Buchstabe C, und er werde unter die Götter aufgenommen werden, weil *aesar*, der verbleibende Rest des Namens Caesar, in der etruskischen Sprache »Gott« heiße.

(3) Als Augustus Tiberius nun nach Illyricum entsenden und bis Benevent begleiten wollte, aber durch immer neue Prozesse durch Leute, die ständig Einspruch einlegten, bei der Rechtsprechung (in Rom) zurückgehalten wurde, rief er aus – was später ebenfalls zu den Vorzeichen seines Todes gerechnet wurde –, dass er, auch wenn sich alles gegen ihn verschwöre, von nun an nicht länger in Rom bleiben werde. Und nachdem er die Reise begonnen hatte, gelangte er bis nach Astura; von dort segelte er, entgegen seiner sonstigen Gewohnheit, zur Nachtzeit weiter, um den günstigen Wind auszunutzen, zog sich hierbei aber einen Durchfall zu, der sich als die Ursache seiner Erkrankung beweisen sollte.

98 (1) Daraufhin segelte er an der Küste Kampaniens und den nächstliegenden Inseln vorbei und verbrachte zurückgezogen noch vier Tage auf Capri, wo er die freie Zeit in aller Heiterkeit genoss.

(2) Als er gerade an der Bucht von Puteoli vorbeisegelte, bedachten ihn die Passagiere und Seeleute eines soeben erst aus Alexandria eingelaufenen Schiffes, alle in weißen Kleidern, mit Kränzen geschmückt und Weihrauch verbrennend, mit ihren Glückwünsch und überschwänglichen Lobeshymnen: Nur dank seiner lebten sie, dank seiner führen sie zur See und dank seiner erfreuten sie sich ihrer Freiheit und ihres Hab und Guts. Diese Ehrung freute ihn ungemein, und so verteilte er an seine

ratus quadragenos aureos comitibus divisit iusque iurandum et cautionem exegit a singulis, non alio datam summam quam in emptionem Alexandrinarum mercium absumpturos. (3) sed et ceteros continuos dies inter varia munuscula togas insuper ac pallia distribuit, lege proposita ut Romani Graeco, Graeci Romano habitu et sermone uterentur. spectavit assidue exercentes ephebos, quorum aliqua adhuc copia ex vetere instituto Capreis erat; isdem etiam epulum in conspectu suo praebuit permissa, immo exacta iocandi licentia diripiendique pomorum et obsoniorum rerumque ⟨...⟩ missilia. nullo denique genere hilaritatis abstinuit.

(4) Vicinam Capreis insulam Apragopolim appellabat a desidia secedentium illuc e comitatu suo. sed ex dilectis unum, Masgaban nomine, quasi conditorem insulae κτίστην vocare consueverat. huius Masgabae ante annum defuncti tumulum cum e triclinio animadvertisset magna turba multisque luminibus frequentari, versum compositum ex tempore clare pronuntiavit: ›κτίστου δὲ τύμβον εἰσορῶ πυρούμενον·‹ conversusque ad Thrasyl⟨l⟩um Tiberi comitem contra accubantem et ignarum rei interrogavit, cuiusnam poetae putaret esse; quo haesitante subiecit alium: ›ὁρᾷς φάεσσι Μασγάβαν τιμώμενον;‹

Begleiter 40 Goldstücke, forderte aber von den Einzelnen die unter Eid bekräftigte Zusage, die geschenkte Summe lediglich zum Kauf alexandrinischer Waren zu verwenden. (3) Aber auch an allen folgenden Tagen verteilte er, abgesehen von verschiedenen kleineren Geschenken, (römische) Togen und (griechische) Mäntel; dies war mit der Auflage verbunden, dass die Römer griechische Kleidung trügen und dazu Griechisch sprächen, und die Griechen umgekehrt. Ständig schaute Augustus jungen Griechen beim Training zu, von denen es nach alter Sitte auf Capri noch ziemlich viele gab; diesen gab er sogar einen Festschmaus, wobei er persönlich anwesend war, und erteilte ihnen die Erlaubnis, ja stellte geradezu die Forderung, freche Scherze zu machen und sich auf die von ihm unter das Volk geworfenen Geschenke wie Früchte, Speisen sowie andere Dinge zu stürzen. Kurz, er gab sich ganz dem Frohsinn hin.

(4) Eine Capri benachbarte Insel nannte er Apragopolis [»Nichtstuerstadt«], und zwar nach dem müßigen Leben, das einige seiner Gefolgsleute führten, die sich dorthin zurückgezogen hatten. Aber einen seiner Auserwählten, Masgaba mit Namen, nannte er immer »Ktistes« [»Städtegründer«], wie wenn er der Gründer der Insel gewesen wäre. Als Augustus dann von seinem Speisezimmer aus bemerkte, dass das Grab des ein Jahr zuvor verstorbenen Masgaba von einer großen Menschenmenge mit vielen Fackeln besucht wurde, sprach er deutlich vernehmbar den folgenden griechischen Vers, den er gerade gedichtet hatte: »Des Gründers Grab seh ich im Feuerschein.« Und er wandte sich an Thrasyllus, einen Gefolgsmann des Tiberius, der ihm gegenüberlag und keine Kenntnis von der Angelegenheit hatte, mit der Frage, von welchem Dichter seiner Meinung nach der Vers stamme. Als dieser zögerte, fügte Augustus noch einen zweiten Vers hinzu: »Siehst du mit Fackeln Masgaba verehrt?« und fragte ihn ebenfalls nach dem

ac de hoc quoque consuluit. cum ille nihil aliud responderet quam, cuiuscumque essent optimos esse, cachinnum sustulit atque in iocos effusus est. (5) mox Neapolim traiecit quanquam etiam tum infirmis intestinis morbo variante; tamen et quinquennale certamen gymnicum honori suo institutum perspectavit et cum Tiberio ad destinatum locum contendit. sed in redeundo adgravata valitudine tandem Nolae succubuit revocatumque ex itinere Tiberium diu secreto sermone detinuit neque post ulli maiori negotio animum accommodavit.

99 (1) Supremo die identidem exquirens, an iam de se tumultus foris esset, petito speculo capillum sibi comi ac malas labantes corrigi praecepit et admissos amicos percontatus, ecquid iis videretur mi[ni]mum vitae commode transegisse, adiecit et clausulam:

›ἐπεὶ δέ πάνυ κα⟨λ⟩ῶς πέπαισται, δότε κρότον
καὶ πάντες ἡμᾶς μετὰ χαρᾶς προπέμψατε.‹

omnibus deinde dimissis, dum advenientes ab urbe de Drusi filia aegra interrogat, repente in osculis Liviae et in hac voce defecit: ›Livia, nostri coniugii memor vive, ac vale!‹ sortitus exitum facilem et qualem semper optaverat. (2) nam fere quotiens

Verfasser dieses Verses. Als jener nichts anderes zu antworten wusste, als dass die Verse sehr gut seien, wer immer auch der Dichter sei, lachte Augustus hell auf und war zu allerlei Scherzen aufgelegt. (5) Bald darauf setzte er nach Neapel über, obwohl ihn auch damals seine Darmbeschwerden beeinträchtigten und sein Gesundheitszustand wechselnd war. Dennoch schaute er sich die zu seinen Ehren eingerichteten, alle vier Jahre stattfindenden gymnischen Wettspiele bis zum Ende an und begab sich mit Tiberius zu dem vorgesehenen Reiseziel. Aber bei der Rückreise verschlechterte sich sein Gesundheitszustand schließlich so, dass er sich in Nola krank niederlegte, Tiberius von dessen Reise zurückrufen ließ und mit ihm ein langes Gespräch unter vier Augen führte; danach befasste er sich mit keinem wichtigeren Geschäft mehr.

99 (1) An seinem letzten Lebenstag fragte er immer wieder danach, ob seinetwegen draußen bereits ein Aufruhr entstanden sei, verlangte nach einem Spiegel, ließ sich sein Haar kämmen, die herabhängenden Wangen hochziehen und erkundigte sich bei den zu ihm vorgelassenen Freunden, ob sie den Eindruck hätten, dass er die Komödie des Lebens bis zum Ende gefällig gespielt habe, und er fügte die (in einem Bühnenstück übliche) Schlussformel (auf Griechisch) hinzu:

> Wenn nun das Ganze euch wohl gefallen hat, so klatscht Beifall,
> und entlasst uns alle mit Dank nach Hause.

Daraufhin entließ er alle, und während er die gerade aus Rom Angekommenen nach dem Zustand der kranken Tochter des Drusus fragte, verschied er plötzlich unter den Küssen Livias mit den Worten: »Livia, gedenke stets unserer Ehe und lebe wohl!«; dabei hatte er einen leichten Tod, so wie er es sich immer gewünscht hatte. (2) Denn fast stets, wenn er hörte, dass

audisset cito ac nullo cruciatu defunctum quempiam, sibi et suis εὐθανασίαν similem – hoc enim et verbo uti solebat – precabatur. unum omnino ante efflatam animam signum alienatae mentis ostendit, quod subito pavefactus a quadraginta se iuvenibus abripi questus est. id quoque magis praesagium quam mentis deminutio fuit, siquidem totidem milites praetoriani extulerunt eum in publicum.

100 (1) Obiit in cubiculo eodem, quo pater Octavius, duobus Sextis, Pompeio et Ap⟨p⟩uleio, cons. XIIII. Kal. Septemb. hora diei nona, septuagesimo et sexto aetatis anno, diebus V et XXX minus.

(2) Corpus decuriones municipiorum et coloniarum a Nola Bovillas usque deportarunt noctibus propter anni tempus, cum interdiu in basilica cuiusque oppidi vel in aedium sacrarum maxima reponeretur. a Bovillis equester ordo suscepit urbique intulit atque in vestibulo domus conlocavit. senatus et in funere ornando et in memoria honoranda eo studio certatim progressus est, ut inter alia complura censuerint quidam, funus triumphali porta ducendum, praecedente Victoria quae est in curia, canentibus neniam principum liberis utriusque sexus; alii, exequiarum die ponendos anulos aureos ferreosque sumendos; nonnulli, ossa legenda per sacerdotes summorum collegiorum. (3) fuit et qui suaderet, appellationem mensis Augusti in Septembrem transferendam, quod hoc genitus Augustus, illo defunctus esset; alius, ut omne tempus a primo die

jemand schnell und ohne Qualen verstorben sei, bat er (die Götter) für sich und die Seinen um eine ähnliche »Euthanasie« – denn dieses griechische Wort verwendete er gewöhnlich. Vor seinem Ableben zeigte er überhaupt nur ein einziges Zeichen von Geistesabwesenheit, als er plötzlich erschreckt auffuhr und sich darüber beklagte, dass er von 40 jungen Männern fortgeschleppt werde. Auch dies war eher eine Vorahnung als ein Zeichen geistiger Verwirrtheit, weil es ja ebenso viele Leibgardisten waren, die seine Leiche hinaustrugen.

100 (1) Augustus starb in demselben Zimmer wie sein Vater Octavius, im Konsulatsjahr der beiden Sextus, Pompeius und Appuleius,[140] am 19. August in der neunten Stunde [gerechnet ab Sonnenaufgang], 35 Tage vor seinem 76. Geburtstag.

(2) Seine Leiche trugen die Stadträte der Munizipien und Koloniestädte[141] von Nola bis nach Bovillae, und zwar wegen der Jahreszeit nachts; tagsüber wurde sie in der Basilika oder in dem Haupttempel einer jeden Stadt niedergelegt. Von Bovillae an übernahmen sie Angehörige des Ritterstandes und trugen sie nach Rom, wo sie in der Vorhalle seines Hauses aufgebahrt wurde. Die Senatoren überboten sich gegenseitig mit ihren Vorschlägen für die Gestaltung der Leichenfeier und für die Ehrung seines Andenkens, so dass unter vielem anderen einige sogar den Antrag einbrachten, der Leichenzug solle durch das Triumphtor ziehen und ihm solle das Bild der Siegesgöttin, das im Rathaus steht, vorangetragen werden. Söhne und Töchter der vornehmsten Familien sollten dazu das Trauerlied singen; andere schlugen vor, am Tag der Beisetzung die goldenen Ringe abzulegen und eiserne zu tragen; wieder andere, seine Gebeine durch Priester der obersten Kollegien sammeln zu lassen. (3) Ein Senator machte sogar den Vorschlag, den Monatsnamen August auf den September zu übertragen, weil Augustus in diesem geboren, in jenem gestorben sei; ein weiterer schließlich, den ganzen Zeitraum vom Tag seiner Geburt bis zu

natali ad exitum eius saeculum Augustum appellaretur et ita in fastos referretur. verum adhibito honoribus modo bifariam laudatus est: pro aede Divi Iuli a Tiberio et pro rostris veteribus a Druso Tiberi filio, ac senatorum umeris delatus in Campum crematusque. (4) nec defuit vir praetorius, qui se effigiem cremati euntem in caelum vidisse iuraret. reliquias legerunt primores equestris ordinis tunicati et discincti pedibusque nudis ac Mausoleo condiderunt. id opus inter Flaminiam viam ripamque Tiberis sexto suo consulatu extruxerat circumiectasque silvas et ambulationes in usum populi iam tum publicarat.

101 (1) Testamentum L. Planco C. Silio cons. III. Non. Apriles, ante annum et quattuor menses quam decederet, factum ab eo ac duobus codicibus partim ipsius partim libertorum Polybi et Hilarionis manu scriptum depositumque apud se virgines Vestales cum tribus signatis aeque voluminibus protulerunt. quae omnia in senatu aperta atque recitata sunt. (2) heredes instituit primos: Tiberium ex parte dimidia et sextante, Liviam ex parte tertia, quos et ferre nomen suum iussit; secundos: Drusum Tiberi filium ex triente, ex partibus reliquis Germanicum liberosque eius tres sexus virilis; tertio gradu propinquos amicosque compluris. legavit populo R. quadringenties, tribubus tricies quinquies sestertium, praetorianis

seinem Tod »augusteisches Zeitalter« zu nennen und es so in den Kalender einzutragen. Bei den Ehrungen aber bewahrte man Maß, und es wurden nur zwei Leichenreden auf Augustus gehalten: eine vor dem Tempel des göttlichen Iulius [Caesar] von Tiberius, die andere vor der alten Rednertribüne, und zwar von Drusus, dem Sohn des Tiberius, und danach wurde der Leichnam des Augustus auf den Schultern von Senatoren auf das Marsfeld getragen und dort verbrannt. (4) Und es fand sich auch ein ehemaliger Prätor, der eidlich bezeugte, er habe das Bild des Verbrannten zum Himmel aufsteigen sehen. Die sterblichen Reste sammelten die vornehmsten Mitglieder des Ritterstandes ein, lediglich mit der Tunika bekleidet, ohne Gürtel und mit nackten Füßen, und setzten sie im Mausoleum bei. Diesen Bau hatte Augustus zwischen der Via Flaminia und dem Tiberufer in seinem sechsten Konsulat errichten lassen und bereits damals die ringsum angelegten Parks und Alleen dem Volk zur öffentlichen Benutzung freigegeben.

101 (1) Sein Testament, das er am 3. April im Konsulatsjahr von L. Plancus und Gaius Silius,[142] ein Jahr und vier Monate vor seinem Tod, verfasst hatte und das in zwei Ausfertigungen, teils eigenhändig, teils von seinen Freigelassenen Polybius und Hilario schriftlich erstellt, bei den Vestalischen Jungfrauen hinterlegt worden war, haben diese mit drei weiteren in gleicher Art und Weise versiegelten Schriftrollen ausgehändigt. Diese Schriftstücke wurden alle im Senat geöffnet und vorgelesen. (2) Als ersten Erben bestimmte er Tiberius mit der Hälfte und einem Sechstel, Livia mit einem Drittel, die auch beide seinen Namen tragen sollten. Als Erben zweiten Grades setzte er Drusus ein, den Sohn des Tiberius, mit einem Drittel (des noch verbleibenden Zwölftels), sowie Germanicus und dessen drei Söhne mit den restlichen Teilen. Als Erben dritten Grades sah er mehrere Verwandte und Freunde vor. Er vermachte dem römischen Volk 40 Millionen Sesterzen, den Tri-

militibus singula milia nummorum, cohortibus urbanis quingenos, legionaris trecenos nummos; quam summam repraesentari iussit, nam et confiscatam semper repositamque habuerat. (3) reliqua legata varie dedit perduxitque quaedam ad vicena sestertia, quibus solvendis annuum diem finiit, excusata rei familiaris mediocritate nec plus perventurum ad heredes suos quam milies et quingenties professus, quamvis viginti proximis annis quaterdecies milies ex testamentis amicorum percepisset, quod paene omne cum duobus paternis patrimoniis ceterisque hereditatibus in rem p. absumpsisset. Iulias filiam neptemque, si quid iis accidisset, vetuit sepulcro suo inferri. (4) tribus voluminibus, uno mandata de funere suo complexus est, altero indicem rerum a se gestarum, quem vellet incidi in aeneis tabulis, quae ante Mausoleum statuerentur, tertio breviarium totius imperii, quantum militum sub signis ubique esset, quantum pecuniae in aerario et fiscis et vectigaliorum residuis. adiecit et libertorum servorumque nomina, a quibus ratio exigi posset.

bus[143] 3,5 Millionen, den Prätorianern jeweils 1000 Sesterzen, den städtischen Kohorten 500 pro Person und den Legionssoldaten je 300 Sesterzen. Diese Summe sollte seinem Befehl gemäß bar ausgezahlt werden, denn er hatte sie stets (zu diesem Zweck) in seiner Kasse aufgehoben und bereitliegen. (3) Die übrigen Legate waren unterschiedlich hoch, manche erreichten 20 000 Sesterzen. Zu ihrer Ausbezahlung legte er eine Frist von einem Jahr fest, was er mit der geringen Höhe seines Vermögens entschuldigte; weiterhin erklärte er ganz offen, dass auf seine Erben lediglich 150 Millionen kämen, obgleich er in den letzten 20 Jahren durch die Testamente seiner Freunde 1400 Millionen erhalten habe; diese Summe habe er fast ganz, zusammen mit seinen beiden väterlichen und den übrigen Erbschaften, für das Wohl des Staates verwandt. Die beiden Iuliae, seine Tochter und seine Enkelin, nach ihrem Ableben in seinem Grab beizusetzen, verbot er. (4) Von den drei anderen Schriftstücken enthielt das eine die Anordnungen über seine Bestattung, das zweite ein Verzeichnis seiner Taten; dieses sollte in erzene Tafeln[144] eingraviert und die Tafeln sollten vor seinem Mausoleum aufgestellt werden; das dritte gab eine kurze Übersicht über das gesamte Reich: wie viele Soldaten überall unter Waffen standen, wie viel Geld im Staatsschatz und in den kaiserlichen Kassen war und wie hoch die Steuerrückstände waren. Ferner hat er auch die Namen der Freigelassenen und Sklaven beigefügt, von denen Rechenschaft gefordert werden könnte.

Anhang

Zu dieser Ausgabe

Der lateinische Text folgt der Ausgabe:

> C. Suetoni Tranquilli Opera. Vol. 1. De vita Caesarum Libri VIII. Hrsg. von Maximilianus Ihm. Leipzig: Teubner, 1908/1933. Neudr. Stuttgart 1958.

An folgender Stelle wurde eine abweichende Lesart gewählt: 53,2: *adaperta* statt *adoperta*. Erläuterungen zu Eigennamen finden sich außer in den Anmerkungen auch im Verzeichnis der Eigennamen (S. 189 ff.). Maße und Gewichte sind auf S. 188 aufgeführt.

Anmerkungen

1 Die Familie der Octavii gehörte nicht zur Nobilität. Augustus errang als Erster seiner Familie das Konsulat.

2 Dieser ältesten in den Einzelheiten noch einigermaßen fassbaren staatlichen Ordnung der späteren Königszeit muss ein Zustand vorangegangen sein, in dem das Gemeinschaftsleben ganz und gar auf den *gentes* beruhte; das gesamte Volk setzte sich zusammen aus den *gentes*, die ihrerseits aus den allein vollfreien Gentilen bestanden und den zugehörenden und unterworfenen Klienten. Vgl. Meyer, S. 34 f.

3 Dieser ist nicht eindeutig zu identifizieren, da es zahlreiche Mitglieder der Familie der Octavii mit diesem Namen gab. Vgl. *Realencyclopädie der classischen Altertumswissenschaft* XVII,2 (1937) Sp. 1853 f., mit weiteren Hinweisen.

4 Cic. ad Q. fr. 1,1,21; 2,7: »Und du glaubst, es störe mich nicht sehr, wenn ich höre, in welchem Ansehen C. Vergilius oder dein Nachbar C. Octavius stehen?«

5 59 v. Chr.

6 59 v. Chr.

7 Dieses Gesetz aus dem Jahr 59 v. Chr. regelte die Ansiedlung von Proletariern und Veteranen.

8 Cassius aus Parma, einer der Caesar-Mörder, Dichter von Satiren, Elegien und Epigrammen (vgl. Hor. epist. 1,4,3) kämpfte bei Actium mit und wurde hingerichtet. – Neben Cassius aus Parma nennt Sueton weitere Schriftsteller, die uns nur durch ihn bekannt sind: Aquilius Niger (11); Iulius Saturninus (27,2); Iulius Marathus (79,2; 94,3); C. Drusus (94,6). Des Weiteren zitiert Sueton aus den Werken uns bekannter Autoren, wie etwa Cremutius Cordus (35,2); Valerius Messalla (74); Cornelius Nepos (77) und Asklepiades von Mendes (94,4).

9 63 v. Chr.

10 Vgl. 3,1.

11 Munatius Plancus aus Tibur, geb. zwischen 90 und 85 v. Chr., beantragte am 16. Januar 27 v. Chr. im Senat den Augustus-Titel für Octavian. Vgl. Cass. Dio 53,16,6; Vell. Pat. 2,91,1.

12 Korrekte Etymologie vom Stamm *aug-*, eigentlich: »was mit Mehrung versehen ist« (A. Walde, *Lateinisches Etymologisches Wörterbuch*, Heidelberg 1965, Bd. 1, S. 83).

13 Vgl. Enn. ann. 502 (Ausg. J. Vahlen).

14 59 v. Chr.

15 51 v. Chr. hielt Augustus die Leichenrede für Iulia. Die *laudatio funebris*, die öffentliche Leichenrede, war der wesentliche Bestandteil bei dem Begräbnis eines Mitglieds der Nobilität. Diese *laudatio* hielt entweder ein Familienmitglied oder ein enger Freund der Familie. Vgl. die Angaben Ciceros über den Wahrheitsgehalt solcher Reden, Brut. 61 f.

16 Am 18. Oktober 49 v. Chr. nahm Augustus die *toga virilis* (vgl. *Corpus inscriptionum latinarum*, Bd. 1, hrsg. von Th. Mommsen, W. Henzen und Chr. Huelsen, Leipzig/Berlin ^{2}1893, S. 332).

17 45 v. Chr.; vgl. Suet. Caes. 37,1.

18 Im November oder Dezember 46 v. Chr. beschloss Caesar, nach Spanien aufzubrechen. Entschieden wurde der Feldzug mit dem Sieg Caesars am 17. März 45 v. Chr. bei Munda.

19 Vgl. Anm. 18.

20 Vgl. W. Schmitthenner, *Oktavian und das Testament Caesars*, München ^{2}1973.

21 Mutina: 44/43 v. Chr.; Philippi: Der Krieg dauerte bis 42 v. Chr.; Perusia: 41 v. Chr.; Sizilien: 44–36 v. Chr.; der Krieg bei Actium dauerte bis 30 v. Chr.

22 Diese waren die Mörder Caesars.

23 Octavian, M. Antonius und M. Aemilius Lepidus hatten sich 43 v. Chr. zu einem Triumvirat zusammengeschlossen, um nach Caesars Ermordung dessen politisches Erbe zu sichern.

24 Vgl. 8,2.

25 Gemeint ist Caesars Sieg bei Pharsalos 48 v. Chr.

26 Für das Amt des Volkstribuns waren nur Plebejer wählbar. Vgl. Meyer, S. 110 f.; 45 ff.

27 Vgl. Anm. 21.

28 Vgl. Anm. 8.

29 Vgl. I. Opelt, *Die lateinischen Schimpfwörter und verwandte sprachliche Erscheinungen. Eine Typologie*, Heidelberg 1965, S. 152. – Bei

tollere liegt offenbar ein Wortspiel vor. Es kann heißen: »befördern« und »beseitigen, ins Jenseits befördern« (vgl. Cic. fam. 11,20,1).

30 In Umbrien; dieser Vorgang gehört wahrscheinlich zum Perusinischen Krieg; vgl. Cass. Dio 48,13,2.

31 Vgl. Anm. 21.

32 Vgl. Anm. 21.

33 Hierbei muss man die Finger schnell ausstrecken und die Mitspieler ihre Anzahl erraten lassen. Das Spiel ist auch heute noch in Unteritalien bekannt, unter dem Namen *alla mora.*

34 Die ersten 14 Reihen direkt hinter der Orchestra waren entsprechend der *lex Roscia* aus dem Jahr 67 v. Chr. für die Ritter vorgesehen.

35 Vgl. Anm. 8.

36 Baiae, Ort bei Cumae. Bekannt wegen der heißen Schwefelquellen. Vgl. Liv. 41,16,3. Angenehmes Klima und herrliche Vegetation zogen die Römer an; das Gebiet war aber nicht frei von Malaria.

37 Das Testament hat Antonius bei den Vestalinnen hinterlegen lassen. Kienast, S. 57 ff., sieht als Hauptgrund dafür, dass es sich um ein politisches Testament handelte und die Erben auch ausgedehnte Besitzungen im Westen des Reichs erhalten würden und die Klientel des Antonius übernehmen könnten. Zum Inhalt des Testaments vgl. Plut. Ant. 58, Cass. Dio 50,3,3 ff.

38 Augustus hatte Nikopolis als neues Zentrum des Griechentums vorgesehen, anstelle von Athen, das für Antonius eingetreten war; vgl. Kienast, S. 373.

39 Außer M. Egnatius gehörten die genannten Verschwörer zur Senatsaristokratie.

40 Ein Nomenklator, ein Sklave oder Freigelassener, hatte die Aufgabe, seinem Herrn die Namen der Leute zu nennen, die ihm ihre Aufwartung machten oder auf der Straße begegneten.

41 Vgl. Kap. 65.

42 Der Krieg in Dalmatien dauerte von 35 bis 33 v. Chr., derjenige in Kantabrien von 29 bis 25 v. Chr.

43 Dies war ein Grundsatz des *bellum iustum*, des gerechten Krieges. Zur Theorie des *bellum iustum* s. E. Siebenborn in: *Der Altsprachliche Unterricht* 33 (1990) H. 5, S. 39–55 und E. S., »Bellum Iustum.

Spät- und nachantike Positionen«, in: *Der Altsprachliche Unterricht* 34 (1991) H. 1/2, S. 75–92.

44 Vom 7. bis zum 3. Jh. v. Chr. siedelten Volksgruppen auf dem Gebiet der heutigen Ukraine, die man zusammenfassend als Skythen bezeichnet. Vgl. Hdt. 4. Die augusteischen Dichter kannten Einzelheiten über die Skythen. So etwa Horaz (65–8 v. Chr.), der von der Kälte ihres Landes zu berichten weiß (c. 1,26,4; 4,5,25), oder von ihrer Kampfesweise (c. 1,35,9; 4,14,42); in diesem Gedicht hebt Horaz besonders die Leistungen von Augustus hervor, V. 41 ff.: *Te Cantaber non ante domabilis / Medusque et Indus, te profugus Scythes / Miratur, o tutela praesens / Italiae dominaeque Romae.* (»Dich bewundert gezähmt der Kantaber, / der Meder, Inder, dich der flüchtige Skythe, / o stets gegenwärtiger Beschützer Italiens / und der Herrin Rom.«)

45 Vgl. dazu M. Wissemann, *Die Parther in der augusteischen Dichtung*, Frankfurt a. M. / Bern 1982.

46 Bei der Ovation, dem »kleinen Triumph«, verliehen für geringere militärische Erfolge, zieht der siegreiche Feldherr nicht im Wagen, sondern zu Fuß oder zu Pferde in die Stadt ein. Zu den Ehrenzeichen eines Triumphators gehören eine purpurfarbene Toga und ein Lorbeerkranz, die bei der Ovation durch eine Toga mit breitem Purpurstreifen und einen Myrtenkranz ersetzt werden.

47 Nach dem Krieg um Philippi: um 42 v. Chr.; erst 36 v. Chr. wurde der Sizilische Krieg beendet; vgl. Anm. 21.

48 M. Lollius, Konsul 21 v. Chr., erlitt im Sommer 16 v. Chr. gegen die Germanen (Sugambrer, Usipeter, Tenkterer) eine schwere Niederlage; P. Quin(c)tilius Varus wurde 9 n. Chr. im Teutoburger Wald vernichtend geschlagen. Vgl. Tac. ann. 1,60 f.; Vell. Pat. 2,119,3.

49 D. h., er ließ jeden zehnten (*decimus*) Mann töten.

50 Vgl. Kienast, S. 119 f.

51 Σπεῦδε βραδέως entspricht lat. *festina lente*; vgl. Gell. 9,11. – Der Vers stammt aus Eur. Phoen. 5,599.

52 Das erste Konsulat erhielt Augustus zusammen mit seinem Onkel Q. Pedius am 19. April 43 v. Chr., das zweite trat er am 1. Januar 33 v. Chr. an, das dritte und die folgenden bis zum elften in den Jah-

ren 31–23 v. Chr., 5 v. Chr. das zwölfte und das dreizehnte Konsulat 2 v. Chr.

53 Augustus trat am 1. Januar 26 v. Chr. das achte Konsulat in Tarraco, dem heutigen Tarragona, an.

54 Die Triumvirn Antonius, Lepidus und Octavian (vgl. Anm. 23) veröffentlichten am Beginn ihrer Herrschaft (November 43 v. Chr.) Listen geächteter Gegner. Dies erlaubte ihnen, das Vermögen der Proskribierten einzuziehen. Den Proskriptionen sollen 300 Senatoren und 2000 Ritter zum Opfer gefallen sein. Vgl. Kienast, S. 34 ff.

55 C. Toranius wurde nach dem Tod von C. Octavius, des Vaters von Augustus, Vormund des späteren Prinzeps. Während des Bürgerkriegs war er Anhänger des Pompeius und wurde 43 v. Chr. auf die Proskriptionsliste gesetzt. Vgl. Cic. fam. 6,20 f.

56 Vgl. Cass. Dio 47,7,5.

57 23 v. Chr. erhielt Augustus die *tribunicia potestas*, die tribunizische Gewalt. Mithilfe dieser Vollmacht konnte Augustus den Senat einberufen, mit dem Senat verhandeln, in jeder Senatssitzung ein Thema als Erster vortragen. Allerdings hat er nach Niederlegung des Konsulats 23 v. Chr. einige Privilegien eingebüßt, die er durch die Übertragung der *tribunicia potestas* nicht zurückbekam, so etwa das Recht, den Vorsitz bei der Wahl der höheren Amtsträger zu führen, oder das Recht auf Ernennung eines Stadtpräfekten. Vgl. Kienast, S. 88 ff.

58 Eine solche Schätzung ſand alle fünf Jahre statt. Bekannt ist vor allem der *census* des Augustus, Lk 2,1–2: »Es begab sich aber zu der Zeit, dass ein Gebot von dem Kaiser Augustus ausging, dass alle Welt geschätzt würde. Und diese Schätzung war die allererste und geschah zu der Zeit, da Cyrenius Landpfleger in Syrien war.« – Den Zensoren oblag die Volkszählung, Vermögenseinschätzung und Sittenkontrolle sowie die Aufsicht über die Staatsländereien und öffentlichen Gebäude.

59 Die ersten beiden Fora waren das Forum Romanum und das Forum Iulium.

60 Zwischen Weihe und Gelübde lag ein Zeitraum von 40 Jahren!

61 Vgl. Anm. 46.

62 Den *haruspices*, etruskischen Sehern, oblag die Deutung der Eingeweide der Opfertiere, insbesondere der Leber. Sie interpretierten mögliche Organveränderungen und kümmerten sich um die Entsühnung unheilvoller Zeichen.

63 Bei den Sibyllinischen Büchern handelt es sich um eine Sammlung von Orakelsprüchen, deren Original bei einem Brand auf dem Kapitol vernichtet worden war. Während Augustus die Sibyllinischen Weissagungen unter der Statue des palatinischen Apollo verwahren ließ, blieben die alten Sibyllinischen Bücher weiter im Tempel des Iuppiter auf dem Kapitol. Vgl. Kienast, S. 195 ff.

64 Augurium: Das Einholen von Vorzeichen aus dem Vogelflug. – Der ursprüngliche Sinn des *augurium Salutis* war wohl die Bitte um Mehrung der *salus populi Romani*, des Wohlergehens des römischen Staates. Ein solches *augurium* durfte nur dann vorgenommen werden, wenn kein Heer ausrückte oder auf dem Schlachtfeld stand. Dies war 29 v. Chr. der Fall, als der Ianus-Bogen durch Augustus geschlossen wurde.

65 Die *lupercalia* gelten als das Fest des Gottes Faunus (griech. Pan), der für die Hirten und Herden zuständig war; dieses Fest wurde am 15. Februar eines jeden Jahres gefeiert.

66 Ein ursprünglich auf Veranlassung der *libri Sibyllini* – wohl aus Tarent – eingeführtes Sühnefest (249 v. Chr.). – Der Dichter Horaz verfasste zu den Hundertjahrspielen, *ludi saeculares*, 17 v. Chr. ein Gedicht, das *carmen saeculare.*

67 Ein altes bäuerliches Winterfest; es wurde an den *compita*, den Kreuzwegen, von den Anwohnern gefeiert.

68 Gemeint ist wohl, dass er bei einer Abweisung seiner Klage dieselbe Strafe erhalten sollte, die für den Angeklagten bei einer Verurteilung festgesetzt worden wäre.

69 Nach dem Mindestvermögen von 200 000 Sesterzen, das sie besitzen mussten, um wählbar zu sein.

70 Gesetz, das der Diktator L. Cornelius Sulla erließ; es sah Strafen für Fälschungen von Testamenten, Münzen usw. vor. Vgl. Dig. 48,10.

71 »Nach Caesars Tod hatte Antonius, um seine Hausmacht zu festigen, zahlreiche Senatoren ernannt, weil ihre Namen angeblich in Caesars Testament genannt waren. *Orcivi* oder *orcini* hießen ge-

meinhin Sklaven, die laut Testament ihres Herrn nach dessen Tod, d. h. nach dessen Weggang in den Orcus, freigelassen werden sollten« (Wittstock, S. 501, Anm. 144).

72 A. Cremutius Cordus, römischer Geschichtsschreiber der augusteischen Zeit; er verherrlichte in seinen *Annales* die Caesar-Mörder Brutus und Cassius. Deswegen wurde er angeklagt und nahm sich das Leben. Bruchstücke seines Werkes sind erhalten. Vgl. Quint. inst. 10,1,104, der die Freimut seines Urteils hervorhebt.

73 Die Hundertmänner traten bei einem Sondergerichtshof vor allem für Eigentums- und Erbschaftsprozesse von hohem Streitwert als Richter auf.

74 Vgl. Anm. 46.

75 Vgl. Anm. 34.

76 Vgl. Anm. 58.

77 Tribus heißen die angeblich vom König Servius Tullius eingeführten Abteilungen der römischen Vollbürger; es gab vier städtische und – seit 241 v. Chr. – 31 ländliche *tribus*.

78 Vgl. Verg. Aen. 1,282.

79 Die Toga gilt als das römische Gewand schlechthin. Bei einem offiziellen Anlass war sie dem Römer vorgeschrieben, Nichtrömer durften sie nicht tragen.

80 Das Wort fehlt in den Handschriften.

81 Die sog. Naumachia des Augustus.

82 Reiterspiel etruskischer Herkunft, später mit den trojanischen Gründern Roms in Verbindung gebracht und von Augustus im Zuge seiner Wiederbelebung der Tradition besonders gepflegt. Dabei handelt es sich um von vornehmen jungen Römern ausgetragene Scheingefechte zu Pferde. Vergil beschreibt das Trojaspiel in Aen. 5,545 ff.

83 Bis zum 17. Lebensjahr trugen die Jungen die sog. *praetexta*, eine purpurverbrämte Toga.

84 12 v. Chr.; vgl. Wittstock, S. 504, Anm. 198.

85 Die *Togata* ist eine römische Komödie und spielte im römischen Gewand und Milieu, im Gegensatz zu den *Palliatae* genannten Stücken, die in Athen spielten.

86 Berühmtester Gemmenschneider der augusteischen Zeit. Er fertig-

te 31 v. Chr. den Siegelstein für Augustus an. Vgl. Plin. nat. 37,8; Cass. Dio 51,3. Einige Gemmen sind noch heute erhalten.

87 Das war 22 v. Chr. – Der Begriff *dictator* war zunächst nicht negativ aufzufassen, wie wir dies heute etwa tun; vielmehr handelte es sich um einen Notstandsbeamten, der nur in Krisenzeiten eingesetzt wurde, und zwar für einen Zeitraum von sechs Monaten. Die sonst so wichtigen Prinzipien der Kollegialität oder des Vetorechts eines Kollegen wurden außer Kraft gesetzt, um den Diktator nicht zu behindern. Bei der Diktatur konnte es sich um ein militärisches Kommando, aber auch um einen zivilen Auftrag handeln. Weitere Einzelheiten vgl. Bleicken, S. 90–93.

88 Er war ein berühmter Jurist, gest. 10/11 n. Chr. Antistius Labeo genoss große Autorität bei allen späteren Juristen. Vgl. dazu W. Kunkel, *Herkunft und soziale Stellung der römischen Juristen*, Graz/Wien/Köln ²1967, S. 114 f.

89 Der lat. Begriff *evocatus* bezeichnet einen Veteranen, der sich (etwa seit 100 v. Chr.), wenn das Vaterland in Gefahr war, noch einmal freiwillig einberufen ließ. Er stand dem Zenturio rangmäßig nahezu gleich und konnte sich als Angehöriger eines Elitekorps betrachten.

90 »Ein jetzt verschwundener, mit Wasser gefüllter [...] Hohlraum auf dem Gelände des Forum Romanum, in den der Sage nach der junge Ritter M. Curtius hineingesprungen war, um einen dort entstandenen Erdspalt zu schließen. Vgl. Livius VII,6« (Heinemann, S. 119, Anm. 3). – Vgl. Die unterschiedlichen Versionen bei Varro l. l. 5,148–150.

91 Vgl. Anm. 77.

92 Nicht nur in der Dichtung, sondern auch auf Münzen und Inschriften ehrte man Augustus als Retter des Staates, und zwar bereits ab 27 v. Chr. mit dem Titel eines *parens* oder eines *pater*. Aber erst 2 v. Chr. nahm Augustus das Angebot des Konsulars M. Valerius Messalla Corvinus an, den Titel *pater patriae* zu tragen. Vgl. Kienast, S. 110 ff.; A. Alföldi, *Der Vater des Vaterlandes*, Darmstadt 1971, S. 92 ff.

93 Zur Behandlung des Arztes Antonius Musa vgl. J.-F. Schulze, »Die Entwicklung der Medizin in Rom und das Verhältnis der Römer gegenüber der ärztlichen Tätigkeit von den Anfängen bis zum Beginn der Kaiserzeit«, in: *Živa Antika* 21 (1971) S. 498 ff.

94 Griech. Gott der Heilkunde, Sohn des Apollon und der Koronis. Nach Rom wurde der schlangenleibige Gott auf Anraten der Sibyllinen 293 v. Chr. geholt. Vgl. Liv. 10,47,7; Ov. met. 15,622 ff.

95 Diesen Namen erhielten zahlreiche Städte im gesamten Römischen Reich, etwa das heutige Cherchell in Algerien; das Caesarea am südlichen Abhang des Hermon an einer der Hauptquellen des Jordan; das am Meer, wo Vespasian zum Kaiser ausgerufen wurde; das in Kappadokien usw.

96 Er war als Nachfolger des Augustus vorgesehen. Vgl. Hor. carm. 1,12,45 f.; Verg, Aen. 6,867 ff. Marcellus starb 23 v. Chr.

97 Hom. Il. 3,40, wo Hektor dem Paris zuruft: »Wärest du nie geboren und unvermählt gestorben.«

98 Verfasser von Elegien, in denen er seine Geliebte Lycoris besang. Er war 30 v. Chr. einer der Heerführer gegen Antonius im alexandrinischen Krieg. Wegen seiner Überheblichkeit wurde er 26 v. Chr. angeklagt und verurteilt, tötete sich aber selbst. Vgl. Cass. Dio 53,23,6 f.

99 Vgl. *Comicorum Atticorum fragmenta. Comicorum incertae aetatis fragmenta*, hrsg. von Th. Kock, Leipzig 1988, S. 143.

100 Kreis im doppelten Sinn: Kreis der Handpauke und der Erdkreis. – Die Priester der Kybele waren Eunuchen.

101 Vgl. *Fragmenta poetarum Romanorum*, hrsg. von E. Baehrens, Leipzig 1886, S. 340

102 Vgl. ebd., S. 341. – Argentarius: Geldwechsel, Bankier; Korinthiarius: Sammler wertvoller korinthischer Vasen.

103 Vgl. *Fragmenta poetarum Romanorum* (s. Anm. 101), S. 341.

104 Vgl. I. Opelt, *Vom Spott der Römer*, München 1969.

105 Man verwendete als Würfel Knöchelchen, wobei die vier Längsseiten jeweils eine Zahl trugen: Vier Einsen waren der Hundewurf; ein Venuswurf lag dann vor, wenn alle Würfel verschiedene Zahlen zeigten: 1, 3, 4, 6.

106 »Die Aufgabe bei diesem Spiel bestand darin zu erraten, ob der Gegenspieler eine gerade oder ungerade Zahl von Gegenständen, z. B. Münzen, in der Hand verborgen hielt« (Wittstock, S. 509, Anm. 287).

107 Schwarzes vulkanisches Tuffgestein aus den Albaner Bergen; vgl. Martinet, S. 1064, Anm. z. St.

108 D. h. mindestens Vorspeise, Hauptgericht und Dessert; vgl. Heinemann, S. 134, Anm. 1.

109 Vgl. Anm. 8.

110 »ein schmarotzender Philosoph, meist Zyniker od. Stoiker, der sich am Tische der Reichen einfand und dadurch, daß er mit lächerlichem Ernste seine Weisheit auskramte, die Gäste ergötzte« (*Der Neue Georges, Ausführliches Handwörterbuch*, Darmstadt 2013, Bd. 1, s. v. *aretalogus*).

111 Die Saturnalien, das beliebteste römische Volksfest, wurden zur Zeit Ciceros vom 17. bis 23. Dezember – vielleicht zu Ehren des Saatgottes Saturnus – mit einem Opfer und Festmahl gefeiert. Bei diesem sehr fröhlichen Fest, das bis zu fünf Tage dauern konnte, wurden die Sklaven für kurze Zeit wie Gleichgestellte behandelt und z. B. von ihren Herren bei Tisch bedient. Vgl. Scullard, S. 287–290. – Von den Geschenken, die während dieser Festtage verteilt wurden, berichtet der Dichter Martial in verschiedenen Epigrammen (Buch 14).

112 Vgl. Anm. 8.

113 Vgl. Verg. georg. 2,96: *et quo te carmine dicam Raetica?* (»Dich, Räterwein, mit welchem Lied soll ich dich rühmen?«)

114 Vgl. Anm. 8.

115 Vgl. Anm. 93. Vgl. auch Kap. 59.

116 Die Stelle ist verderbt.

117 »Nach antiker Vorstellung waren eines freien Mannes würdig Grammatik, Dialektik, Rhetorik (seit den Karolingern Trivium, ›Dreiweg‹ genannt) und Arithmetik, Musiktheorie, Geometrie, Astronomie (Quadrivium, ›Vierweg‹), wobei in römischer Zeit die naturwissenschaftliche Bildung zunehmend vernachlässigt, die rednerische weiterhin stark betont und die juristische erst recht entfaltet wurde« (Wittstock, S. 527, Anm. 223).

118 Vgl. Anm. 21.

119 Die hier genannten Schriften sind uns nicht überliefert, wohl aber ein Rechenschaftsbericht, das sog. *Monumentum Ancyranum*.

120 Der richtige Aiax hatte sich in das Schwert gestürzt, derjenige des Augustus in den Schwamm, mit dem das Werk ausgewischt wurde.

121 Diese sind grammatisch nicht notwendig; Augustus schrieb demnach für »in Rom« *in Roma* statt *Romae*.

122 T. Annius Cimber stand im Krieg aufseiten des Antonius, 44–43 v. Chr. Ihm wurde vorgeworfen, seinen eigenen Bruder ermordet zu haben. Vgl. Quint. inst. 8,3,28; Cic. Phil. 11,14. – Die *Origines* (»Urgeschichte«), ein Werk des älteren Cato (239–149 v. Chr.), gelten als das älteste Geschichtswerk in lat. Sprache. – Unter asiatischem Stil versteht man eine überladene, pompöse Ausdrucksweise, dem der nüchterne attische Stil gegenübergestellt wird.

123 Die römischen *Kalendae* bezeichnen den ersten Tag im Monat. Die Griechen kannten diese Datumsbestimmung nicht, »griechische Kalenden« bedeutet demnach: nie.

124 Im Sinne von: »Da wir keinen großen Cato mehr haben, müssen wir mit den Leuten unser Zeit vorliebnehmen« (Lambert, S. 107, Anm. 69).

125 *Domuos:* ältere Genitivform für *domus*.

126 Vgl. 8,2; 94,12.

127 Bekannter stoischer Philosoph aus Alexandria, von dem eine Trostschrift an Livia in Auszügen erhalten ist. Vgl. Sen. dial. 6,4,3–5,6.

128 Q. Caecilius Metellus Macedonicus hielt als Zensor 131 v. Chr. eine berühmte Rede, in der er die Römer aufforderte, zur Erhaltung der Geschlechter mehr Ehen einzugehen.

129 Höchstwahrscheinlich handelt es sich hierbei um P. Rutilius Rufus, Konsul 105 v. Chr., der auch im *Brutus* von Cicero als Redner erwähnt wird (Brut. 110 f.). Vgl. Vitr. 2,8,8 und 17; Strab. 5,3,7.

130 Vgl. 29,3.

131 Vgl. Anm. 21.

132 Vgl. 79,2.

133 Von Rom aus gerechnet; die Meilensteine an den Heerstraßen waren jeweils 1,5 km voneinander entfernt.

134 Damit ist der Senatorenstand gemeint.

135 Vgl. 8,2.

136 Vgl. Anm. 64.

137 Vgl. Anm. 23.

138 Vgl. Anm. 62.

139 »Der volle Name in der Inschrift lautete ›M. Agrippa‹, und das *M* wurde als *mors*, ›Tod‹, verstanden« (Wittstock, S. 512, Anm. 363).

140 Also 14 n. Chr.

141 Das Munizipium ist eine peregrine Gemeinde mit römischem oder latinischem Stadtrecht, eine Kolonie eine aus militärischen Gründen angelegte Siedlung römischer Bürger; vgl. R. Metzner, *Die Prominenten im Neuen Testament*, Göttingen 2008, S. 627, Anm. 17.

142 13 n. Chr.

143 Vgl. Anm. 77.

144 Das *Monumentum Ancyranum*; vgl. Anm. 119.

Maße und Gewichte

Genannt werden nur die von Sueton in den *Kaiserbiographien* verwendeten Einheiten.

Längenmaße

Doppelschritt: etwa 1,5 m
Elle: 44 cm
Fuß: etwa 30 cm
Meile: etwa 1,5 km

Hohlmaße

Amphore: 26,25 l
Scheffel: etwa 8,75 l

Gewichte

Pfund: etwa 327 g
Unze: 27,3 g

Währungen

Denar: röm. Silbermünze (nachklass. 3,5 g)
Sesterz: röm. Messingmünze
Talent: größte griech. Münzeinheit

Verzeichnis der Eigennamen

Die Erläuterungen sind bewusst kurz gehalten und sollen nur eine grobe Einordnung ermöglichen. Wo für das Textverständnis zwingend, gibt es weitere Informationen in der jeweiligen Anmerkung.

Römische Namen finden sich – wie in den einschlägigen Lexika, die für eine tiefer gehende Information zu Rate zu ziehen sind (etwa DNP oder RE) – unter ihren Gentilnamen, Caesar z. B. also unter Iulius. Die Praenomina sind wie üblich abgekürzt: A. = Aulus; App. = Appius; C. = Gaius; Cn. = Gnaeus; D. = Decimus; L. = Lucius; M. = Marcus; M'. = Manius; P. = Publius; Q. = Quintus; Ser. = Servius; Sex. = Sextus; T. = Titus; Ti. = Tiberius.

Sueton selbst nannte Namen uneinheitlich – so schrieb er einen Vornamen z. B. mal aus, mal kürzte er ihn ab; die Übersetzung folgt ihm hierin jeweils.

Bei den Kaisern wurde jeweils der heute gebräuchliche Name zur leichteren Auffindbarkeit im Haupteintrag in Versalien gesetzt.

Aufgeführt werden auch Stellen in anderen Kaiserviten Suetons.

Actium: Vorgebirge und Stadt in Nordwestgriechenland; hier besiegte Augustus 31 v. Chr. M. Antonius und Kleopatra Aug. 9; 17,2 f.; 18,2; 22; 96,2; Tib. 6,4; Cal. 23,1

Adria/adriatisch Caes. 34,1; 44,3; Aug. 49,1; Tib. 16,2

Ägypten: seit 30 v. Chr. röm. Provinz Caes. 11; 35,1; 52,1; Aug. 17,3; 18,2; 66,1; 93; Claud. 20,3; Ner. 35,5; 37,2; 47,2; Vesp. 6,3; 7,1; Dom. 4,2

Aemilius Aelianus: Kritiker des Augustus Aug. 51,2

M. Aemilius Lepidus

1. Konsul 42 v. Chr.; schloss mit Octavian und M. Antonius das zweite Triumvirat (43 v. Chr.) Caes. 82,4; 87; Aug. 8,3; 12; 13,1; 16,4; 27,2; 31,1; 54; Tib. 5
2. Sohn von 1.; 31 v. Chr. hingerichtet Aug. 19,1

L. Aemilius Lepidus Paulus: Konsul 1 n. Chr.; Ehemann von Augustus' Enkelin Iulia; im Jahr 13 oder 14 hingerichtet Aug. 16,3; 19,1; 64,1

L. Aemilius Papus: Feldherr im Zweiten Punischen Krieg Aug. 2,2

Aenaria: heute Ischia Aug. 92,2

Aesculap: griech. Asklepios; Gott der Heilkunde Aug. 59

Aeserninus: Enkel des C. Asinius Pollio Aug. 43,2

Ätolien: Landschaft in Mittelgriechenland Aug. 17,3

Afrika/afrikanisch: das heutige Nordafrika (von Marokko bis Ägypten) Caes. 35,2; 36; 37,1; 56,1; 59; 70; Aug. 4,2; 8,1; 16,4; 47; Tib. 31,2; Cal. 18,1.3; Claud. 21,3; Ner. 31,4; Galb. 7,1; 8,1; 11; Oth. 1,2; Vit. 5; 12; Vesp. 3; 4,3

Aiax: griech. Held vor Troja Aug. 85,2

Albanum: Ort am Albanerberg Aug. 72,1; Ner. 25,1

Albula: schwefelhaltige Quellen zwischen Rom und Tibur Aug. 82,2; Ner. 31,2

Alexander der Große: 356–323 v. Chr.; König von Makedonien Caes. 7,1; Aug. 18,1; 50; 94,5; Cal. 52; Ner. 19,2

Alexandria: Hafenstadt in Ägypten Caes. 11; 35,1 f.; 37,1; 64; 76,3; 79,3; Aug. 17,3; 22; 41,1; 71,1; 98,2; Tib. 52,2; Cal. 49,2; Claud. 16,2; 20,3; 42,2; Ner. 19,1; 20,3; 45,1; Galb. 10,4; Vesp. 7,1; 19,2; Tit. 5,3; Dom. 20

Alexandriner/alexandrinisch: Bewohner Alexandrias Caes. 56,1; Aug. 98,2; Tib. 4,1; Ner. 20,3

Alpen Caes. 25,1; 56,5; Aug. 21,1; 79,1; Tib. 9,2; Cal. 21; 51,3; Ner. 18; Oth. 9,2

Ancharia: erste Frau von Augustus' Vater C. Octavius Aug. 4,1

T. Annius Cimber: Anhänger des M. Antonius; als Autor wegen seines altertümlichen Stils kritisiert Aug. 86,3

M. Antistius Labeo: gest. 10/11 n. Chr.; berühmter Jurist Aug. 54

Antium: Küstenstadt in Latium mit Orakelstätte und berühmtem Herkules-Tempel; heute Porto d'Anzio Aug. 58,1; Tib. 38; Cal. 8,2.5; 49,2; 57,3; Ner. 6,1; 9; 25,1

Antonii: Angehörige des Geschlechts der Antonier Aug. 17,2

C. Antonius: Onkel des M. Antonius; Konsul 63 v. Chr. Aug. 5

L. Antonius: jüngster Bruder des M. Antonius; Konsul 41 v. Chr. Aug. 9; 14; 15; 68; Tib. 4,2; 5

M. Antonius

1. 82–30 v. Chr.; Großvater des Claudius; gemeinsame Tochter mit Kleopatra: Selene; Anhänger Caesars; Konsul 44 v. Chr.; 43 Triumvirat mit Augustus und M. Aemilius Lepidus; 31 bei Actium geschlagen; setzte 30 seinem Leben ein Ende; als Staatsfeind der *damnatio memoriae* verfallen Caes. 52,2; 79,2; 82,4; 83,1; 84,2;

Aug. 2,3; 4,2; 7,1; 8,3; 9; 10,2–4; 11; 12; 13,1–3; 16,2; 17,1.3–5; 20; 21,3; 28,1; 49,1; 62,1; 63,2; 68; 69,1 f.; 70,1; 86,2; Tib. 4,3; 59,2; Cal. 26,1; Claud. 11,3; Ner. 3,1 f.

2. Beiname Antyllus; älterer Sohn von 1. (mit Fulvia) Aug. 17,5; 63,2

Antonius Musa: Arzt des Augustus Aug. 59; 81,1

Apis: heiliger Stier der Ägypter mit Heiligtum in Memphis Aug. 93; Tit. 5,3

Apollo: griech. Apollon; Gott der Weissagung, Heilkunde, Künste und Wissenschaften Aug. 18,2; 29,1.3; 31,1; 52; 57,1; 70,1 f.; 94,4; Tib. 74; Ner. 25,2; 39,2; 40,3; 53

Apollodor: um 100–20 v. Chr.; Rhetor aus Pergamon; Lehrer des Augustus Aug. 89,1

Apollonia: griech. Stadt im Süden Illyriens im Gebiet der Taulantier, gegründet 588 v. Chr. von Bewohnern der Insel Korkyra (heute Korfu) und Korinth Aug. 8,2; 10,1; 89,1; 94,12; 95

Apollophanes: Präfekt des Sex. Pompeius Aug. 16,3

Sex. Appuleius: Konsul 14. n. Chr. Aug. 100,1

Apragopolis: »Nichtstuerstadt«; Name einer Insel bei Capri Aug. 98,4

Aquileia: Stadt in Oberitalien Aug. 20; Tib. 7,3; Vesp. 6,2

Aquilius Niger: Geschichtsschreiber Aug. 11

Aquitanien: Landschaft im südwestlichen Gallien Aug. 21,1; Galb. 6,1; 9,2

Areios Didymos: Philosoph aus Alexandria Aug. 89,1

Aricia: Ort an der Via Appia; heute Ariccia Aug. 4,1 f.

Ariminum: heute Rimini Aug. 30,1

Armenien: Land in Asien; Klientelstaat der Römer; 34/35 n. Chr. von den Parthern überfallen; Kleinarmenien: der nordwestliche Landesteil westlich des Euphrats Caes. 44,3 (Kleinarmenien); Aug. 21,3; Tib. 9,1; 11,1; 41; Cal. 1,2; Ner. 13,1; 39,1; 40,2

Asinius Epicadus: vielleicht ein Freigelassener des C. Asinius Pollio; verschwor sich gegen Augustus Aug. 19,1 f.

C. Asinius Pollio: Konsul 40 v. Chr.; Anhänger Caesars; Historiker, Redner, Dichter; Gründer der ersten öffentlichen Bibliothek in Rom Caes. 30,4; 55,4; 56,4; Aug. 29,5; 43,2; Claud. 13,2

Asklepiades: Grammatiker; Verfasser einer *Harmonie aller Religionen* Aug. 94,4

Capitolinus: Beiname Iuppiters Aug. 26,3; 30,2; Dom. 6,1

Capri: Insel vor der kampanischen Küste Aug. 72,3; 92,2; 98,1.3 f.; Tib. 40; 43,1; 60; 62,2; 73,1; 74; Cal. 10,1; Vit. 3,2

Cassius Dichter aus Parma; kämpfte bei Actium mit und wurde danach hingerichtet Aug. 4,2

C. Cassius Longinus: Prätor 44 v. Chr.; mit Brutus Anführer der Verschwörung gegen Caesar Caes. 80,4; 85; Aug. 9; 10,1; Tib. 61,3; Ner. 3,1; 37,1; Galb. 3,2; Oth. 10,1

Cassius Patavinus: Plebejer Aug. 51,1

Cassius Severus: gest. 32 n. Chr.; republikanisch gesinnter Redner Aug. 56,3; Cal. 16,1; Vit. 2,1

Castricius: verriet die Verschwörung des A. Terentius Varro Murena Aug. 56,4

Celadus: Freigelassener der Augustus Aug. 67,1

Ceres: griech. Demeter; Göttin des Ackerbaus und der Ehe Aug. 93; Ner. 12,4

C. Cilnius Maecenas: gest. 8 v. Chr.; röm. Ritter; Freund und Berater des Augustus; Förderer von Vergil und Horaz Aug. 66,3; 72,2; 86,2; Tib. 15,1; Ner. 38,2

Circei: Ort und Vorgebirge in Latium; heute Circello Aug. 16,4; Tib. 72,2

Circus (Maximus): Rennbahn zwischen Aventin und Palatin
Caes. 39,1 f.; 76,1; Aug. 16,2; 43,1 f. 5; 45,1; 74; Tib. 26,1; Cal. 15,1; 18,3; 26,4; 45,3; 55,3; Claud. 4,3; 11,2; 21,3; Ner. 4; 7,1 f.; 11,1; 22,1 f.; 25,2; 27,2; Vesp. 5,7; Tit. 2; Dom. 4,1.3; 5; 7,1; 10,1

Claudia: Tochter des P. Clodius und der Fulvia; erste Frau des Augustus Aug. 62,1

D. Claudius Drusus Nero: Drusus der Ältere; 38–9 v. Chr.; Stiefsohn des Augustus; Bruder des Tiberius; als Ehemann von Antonia der Jüngeren Vater des Claudius, des Germanicus und der Livilla Aug. 99,1; Tib. 4,3; 7,3; 50,1; Cal. 1,1; Claud. 1,1.2 (+ drusinisch). 5; 11,3; 46

M. Claudius Marcellus: 43–23 v. Chr.; Sohn der jüngeren Octavia; Ehemann der Augustus-Tochter Iulia; zum Nachfolger des Kaisers ausersehen; ihm zu Ehren errichtete Augustus ein Theater Aug. 29,4; 43,5; 63,1; 66,3; Tib. 6,4; 10,1; Vesp. 19,1

Ti. Claudius Nero: gest. 33 v. Chr.; erster Ehemann der Livia Drusilla,

der späteren Frau des Augustus; Vater des Tiberius; Quästor 48; Prätor 42 Aug. 62,2; Tib. 4,1

P. Clodius Pulcher: trieb als Volkstribun 58 v. Chr. seinen Todfeind Cicero in die Verbannung; 52 von Milo ermordet Caes. 6,2; 20,4; 26,1; 74,2; Aug. 62,1; Tib. 2,4

Comitium: unterhalb der nördlichen Hügelkuppe des Kapitols gelegener ehemaliger Platz für Volksversammlungen Caes. 10,1; Aug. 43,4; Dom. 8,4

Corduba: Stadt in Spanien; heute Cordoba Aug. 51,2

Cornelisches Gesetz: es stellte die Fälschung von Testamenten und Münzen unter Strafe Aug. 33,2

Cornelius: Hauptmann in Augustus' Heer Aug. 26,1

L. Cornelius Balbus: Konsul 40 v. Chr. Caes. 78,1; 81,2; Aug. 29,5

C. Cornelius Gallus: Präfekt von Ägypten; Verfasser von Liebeselegien Aug. 66,1 f.

Cornelius Nepos: um 100–25 v. Chr.; Verfasser von Biographien Caes. 55,1; Aug. 77

L. Cornificius: Legat des Augustus Aug. 29,5

Cosmus: Sklave des Augustus Aug. 67,1

Cotiso: König der Geten; kontrollierte ein Gebiet zwischen dem von Augustus eroberten Dalmatien und Makedonien Aug. 63,2

A. Cremutius Cordus: Geschichtsschreiber; von Tiberius angeklagt; kam seiner Verurteilung durch Selbstmord zuvor Aug. 35,2; Cal. 16,1

Daker: Bewohner Dakiens (des heutigen Rumänien) Caes. 44,3; Aug. 8,2; 21,1; Tib. 41; Dom. 6,1

Dalmatien: Landschaft an der Adria Aug. 20; 21,1; 22; Claud. 13,2; Oth. 9,3

Dalmater/dalmatisch: Bewohner Dalmatiens Aug. 20; Tib. 9,2

Demochares: Präfekt des Pompeius Aug. 16,3

Diana: Göttin der Jagd Aug. 29,5

Diomedes: Verwalter des Augustus Aug. 67,1

Dionysios: Sohn des stoischen Philosophen Areios; Lehrer des Augustus Aug. 89,1

Dioskurides: Gemmenschneider zur Zeit des Augustus Aug. 50

C. Drusus: Schriftsteller; nicht weiter bekannt Aug. 94,6

M. Egnatius Rufus: verschwor sich gegen Augustus Aug. 19,1
Elbe Aug. 21,1
Q. Ennius: 239–169 v. Chr.; Verfasser von Dramen und einem historischen Epos, *Annales*, das die Geschichte Roms von der Ankunft des Aeneas in Italien bis in die Zeit des Ennius behandelt Aug. 7,2
Etrurien/etruskisch: die heutige Toskana Caes. 34,1; Aug. 97,2; Oth. 1,1
Euripides: griech. Tragiker des 5. Jh.s v. Chr. Caes. 30,5; Aug. 25,4
Eutychos: Eseltreiber Aug. 96,2

Fabisch: Name einer Tribus Aug. 40,2
Fannius Caepio: verschwor sich gegen Augustus Aug. 19,1; Tib. 8
M. Favonius: Prätor 49 v. Chr.; Gegner der Triumvirn und Anhänger Catos Aug. 13,2
Forum Romanum: Platz zwischen Kapitol und Palatin; politisches und geschäftliches Zentrum Aug. 72,1
Fulvia: in dritter Ehe mit M. Antonius verheiratet, mit dem sie zwei Söhne hatte Aug. 17,5; 62,1

Gallien Caes. 22,1; 24,3; 25,1 f.; 28,1; 37,1; 49,4; 51; 54,2; Aug. 21,1; Tib. 3,2; 4,1; 9,2; Cal. 8,3; 20; 39,1; Claud. 24,2; Ner. 2,2; 43,2; Galb. 3,2; 6,3; Vit. 10,1; Dom. 2,1
Gallier/gallisch Caes. 24,2; 37,2; 49,4; 51; 56,1; 58,1; 69; 76,3; 80,2; Aug. 40,3; 79,1; Tib. 41; 49,2; Cal. 29,2; 47; Claud. 1,3; 25,5; Ner. 38,2; 40,1.4; 41,2; 43,1 f.; 44,2; Galb. 3,1; 9,2; 16,2; Vit. 18
Q. Gallius: Prätor Aug. 27,4
Germane/germanisch Caes. 25,2; Aug. 20; 21,1; 49,1; Tib. 9,1 f.; 17,1; 37,4; 41; Cal. 45,1; 47; 55,2; 58,3; Claud. 1,2.4; 24,3; 25,4; Ner. 4; 34,1; Galb. 12,1 f.; 20,1; Vesp. 6,4
Germanien: Obergermanien: Teile der heutigen Schweiz, Frankreichs und des südwestlichen Deutschlands; Untergermanien: westlich des Rheins gelegenen Teile der heutigen Niederlande und Deutschlands sowie Teile von Belgien Caes. 58,1; Aug. 23,1; Tib. 7,3; 16,1; 17,1; 18,1; 20; 25,1 f.; Cal. 1,1; 4; 19,3; 43; 51,3; Claud. 9,1; Galb. 6,2; 8,1; 11; 16,2 (Obergermanien); Oth. 8,1; Vit. 7,1 (Untergermanien); 9; Vesp. 2,3; 4,1; 6,2; Tit. 4,1; Dom. 2,1; 6,2 (Obergermanien); 16,1

ren Agrippina Aug. 19,2; 63,1 f.; 64,1; 65,1.4; 101,3; Tib. 7,2 f.; 11,4; 50,1; Cal. 23,1

4. 19 v. – 28 n. Chr.; Enkelin des Augustus; Tochter von dessen gleichnamiger Tochter Aug. 64,1; 65,1.4; 72,3; 101,3

Iulier/iulisch: Adelsgeschlecht, das seine Herkunft auf Aeneas' Sohn Iulus zurückführt Caes. 6,1; 81,1; Aug. 4,1; 16,1; Cal. 60; Claud. 2,1

C. Iulius Caesar

1. CAESAR: 100–44 v. Chr.; röm. Feldherr, Politiker und Schriftsteller; nach seiner Ermordung vergöttlicht Caes. 1,1 und *passim*; Aug. 2,1; 4,1; 7,2; 8,1 f.; 10,1 f.; 13,1; 15; 17,5; 31,2.5; 35,1; 45,1; 68; 94,9.11; 95; 96,1; 100,3; Tib. 4,1; Cal. 38,1; Claud. 17,1; 20,1; 41,2; Ner. 2,2; 3,1; 37,1; Galb. 3,2; Vit. 8,1; Vesp. 5,7

2. 20 v. – 4 n. Chr.; Enkel des Augustus; von diesem adoptiert Aug. 26,2; 29,4; 64,1; 65,1 f.; 67,2; 93; Tib. 11,5; 12,2; 13,1 f.; 15,2; 23; Ner. 5,1

Drusus Iulius Caesar: (Ti.) Drusus der Jüngere: um 14 v. – 23 n. Chr.; Sohn des Tiberius und der Agrippina; Konsul 15 n. Chr. Aug. 100,3; 101,2; Tib. 7,2; 15,1; 23; 25,3; 39; 52,1; 54,1; 55; 62,1; 76; Claud. 29,1; Vit. 3,2

Germanicus Iulius Caesar (Nero Claudius Germanicus): 15 v. – 19 n. Chr.; Sohn von Tiberius' Bruder Drusus; Enkel der Livia Augusta und des M. Antonius; Großneffe des Augustus; von Tiberius adoptiert; verheiratet mit Agrippina, die von ihm drei Söhne hatte: Nero Iulius Caesar, Drusus Iulius Caesar und C. Iulius Caesar (den späteren Kaiser Caligula); 13 n. Chr. Oberbefehlshaber am Rhein und Kommandant im Osten Aug. 34,2; 64,1; 101,2; Tib. 15,2; 25,2 f.; 39; 52,1–3; 54,1; 55; 61,1; 76; Cal. 1,1; 2; 3,1; 6,1; 7; 8,2–4; 13; 15,2; 48,1; Claud. 1,6; 4,1; 7; 11,2; 26,3; 29,1; Ner. 5,2; Oth. 1,3; Vit. 2,3

L. Iulius Caesar: 17 v. – 2 n. Chr.; Enkel und Adoptivsohn des Augustus Aug. 26,2; 29,4; 64,1; 65,1 f.; Tib. 11,5; 15,2; 23; 70,2

TIBERIUS *Iulius Caesar Augustus:* 42 v. – 37 n. Chr.; Sohn des Ti. Claudius Nero und der Livia Drusilla; vor seiner Adoption durch Augustus (4 n. Chr.): Ti. Claudius Nero; in erster Ehe (16–12 v. Chr.) mit Vipsania Agrippina (Sohn: Ti. Drusus), in zweiter Ehe (ab 11 v. Chr.) mit der Augustus-Tochter Iulia verheiratet; stand im Verdacht, Ger-

46,2; Galb. 18,2; Vit. 15,3; Vesp. 8,5; 18; Dom. 1,2; 4,4; 5; 8,5; 13,1 f.; 15,2; 23,2

Keraunisches Gebirge: zwischen Illyrien und Epirus im heutigen Albanien Aug. 17,3

Kimbern: german. Volksstamm; von Marius 101 v. Chr. vernichtend geschlagen Caes. 11; Aug. 23,2; Cal. 51,3

Kleinasien: seit 133 v. Chr. die röm. Provinz Asia Caes. 2; 4,2; 22,2; 28,1; 39,1; 63; Aug. 3,2; 17,3; 26,3; 86,3 (Adj.); Tib. 48,2; Cal. 57,3; 58,1; Vesp. 1,2; Dom. 10,2

Kleopatra: 69–30 v. Chr.; Königin von Ägypten; Geliebte von Caesar und M. Antonius Caes. 35,1; 52,1 f.; Aug. 17,1.3 f.; Ner. 3,2

Kompitalienfest: bäuerliches Winterfest Aug. 31,4

Korinth/korinthisch: griech. Stadt am Isthmos Aug. 70,2; Tib. 34,1; Ner. 37,3; Galb. 3,4

Ktistes: Beiname von Augustus' Freund Masgaba Aug. 98,4

Kybele: orientalische Mutter- und Fruchtbarkeitsgöttin; lat. Magna Mater, »Göttermutter« Aug. 68; Oth. 8,3

Lacus Curtius: See auf dem Forum Romanum Aug. 57,1; Galb. 20,2

C. Laetorius: Patrizier Aug. 5

Lanuvium: Stadt in Latium Aug. 72,2

Lateinisch Caes. 44,2; Aug. 25,4; 29,3; 31,1; 89,1; Tib. 70,1; 71; Cal. 3,1; 20; Claud. 1,2; 16,2; 42,1; Ner. 7,2; 39,2; Vesp. 18; Tit. 3,2; Dom. 4,4

Latium/latinisch: Gegend um Rom Caes. 8; Aug. 45,2; 47; Vit. 1,2; Vesp. 3

Liburner/liburnisch: Volk in Illyrien; ihre Schiffe waren für ihre Leichtigkeit und Schnelligkeit bekannt Aug. 17,3; Cal. 37,2

C. Licinius Calvus: 82–48 v. Chr.; berühmter Redner und Dichter Caes. 49,1; 73; Aug. 72,1

M. Licinius Crassus Dives: 115–53 v. Chr.; Konsul 70, zusammen mit Pompeius; bildete mit diesem und Caesar das erste Triumvirat; von den Parthern bei Carrhae vernichtend geschlagen Caes. 9,1 f.; 19,2; 21; 24,1; 50,1; Aug. 21,3; Tib. 9,1

Licinus: Freigelassener des Augustus Aug. 67,1

Livia Drusilla: 58 v. – 29 n. Chr.; von ihrem ersten Mann Mutter des Tiberius; seit 38 v. Chr. dritte Ehefrau des Augustus; Mutter des älte-

Mauretanien: Landschaft im Nordwesten Afrikas Aug. 83; Cal. 55,1

Mausoleum: 28 v. Chr. errichtete kaiserliche Begräbnisstätte auf dem Marsfeld in Rom, benannt nach dem zu den Weltwundern gehörenden Grabmal des karischen Königs Mausolos Aug. 100,4; 101,4; Cal. 15,1; Ner. 46,2; Vesp. 23,4

Mediolanum: Mailand Aug. 20

Menas: Flottenkommandant des Sex. Pompeius Aug. 74

Mendes: Stadt im Nil-Delta Aug. 94,4

Minerva: Göttin der Künste Aug. 71,3; Cal. 25,4; Vit. 13,2; Dom. 4,4; 15,3

Misenum: Stadt und Vorgebirge in der Nähe von Neapel Aug. 49,1; Tib. 72,3; 74; 75,3; Cal. 13; Ner. 31,3

L. Munatius Plancus

1. Konsul 42 v. Chr.; Zensor 22; stand nacheinander in Caesars, M. Antonius' und Octavians Diensten Aug. 7,2; 29,5; Tib. 5; Claud. 16,1; Ner. 4
2. Sohn von 1.; Konsul 13 n. Chr. Aug. 101,1

Munda: Stadt in Spanien; Schauplatz von Caesars Sieg über die Söhne des Pompeius (45 v. Chr.) Caes. 56,5; Aug. 94,11

Musen: Göttinnen der Künste und Wissenschaften Aug. 29,5; Tib. 21,4

Mutina: alte Stadt der Etrusker an der Via Aemilia; Kriegsschauplatz in den Jahren 44/43 v. Chr.; heute Modena Aug. 9; 10,2; 12; 77; 84,1

Mylai: Ort an der Nordküste Siziliens Aug. 16,1

Mysterien: hier der Geheimkult der Demeter (Ceres) Aug. 93

Mytilene: Stadt auf Lesbos in der Ägäis Caes. 2; Aug. 66,3; Tib. 10,1

Naulochos: Ort an der Nordküste Siziliens Aug. 16,1

Neapel/neapolitanisch Aug. 92,2; 98,5; Tib. 4,2; 6,1; Claud. 11,2; Ner. 20,2 f.; 25,1; 40,4

Neptun: Gott des Meeres Aug. 16,2; 18,2

Nerulum: Stadt in Lukanien Aug. 4,2

P. Nigidius Figulus: Senator und Freund Ciceros; unterstützte Pompeius im Bürgerkrieg; starb im Exil um 45/44 v. Chr. Aug. 94,5

Nikanor: Sohn des stoischen Philosophen Areios; Lehrer des Augustus Aug. 89,1

Nikon: Name eines Esels Aug. 96,2

Nikopolis: Stadt in Ägypten Aug. 18,2
Nil: Fluss in Ägypten Aug. 18,2
Nola: Stadt in Kampanien Aug. 98,5; 100,2; Tib. 40
Nonius Asprenas: von Augustus mit einer Halskette (*torquis*) und dem Beinamen Torquatus ausgezeichnet Aug. 43,2; 56,3
Nursia: Stadt im Sabinerland am Fuße des Apennin; heute Norcia Aug. 12; Vesp. 1,3

Octavia
1. die Ältere: geb. vor 70 v. Chr.; Tochter des C. Octavius und der Ancharia Aug. 4,1
2. die Jüngere: gest. 11 v. Chr.; Tochter des C. Octavius und der Atia, der Schwester des Augustus; Frau des C. Marcellus; seit 40 v. Chr. Frau des M. Antonius Caes. 27,1; Aug. 4,1; 29,4; 61,2; 63,1; Tib. 6,4

Octavii: Familie in Velitrae Aug. 1; 2,2
Octavius
1. Name eines Viertels in Velitrae Aug. 1
2. Bürger aus Velitrae Aug. 1

C. Octavius: um 101 – 59 v. Chr.; Vater des Augustus; Proprätor in Makedonien Aug. 3,1 f.; 7,1; 27,1; 94,4–6; 100,1
C. Octavius Rufus
1. Quästor 254 oder 230 v. Chr. Aug. 2,1
2. Sohn von 1. Aug. 2,2

Cn. Octavius Rufus: Sohn des C. Octavius Rufus Aug. 2,2
Olympia/olympisch: Ort in Griechenland mit berühmtem Zeus-Heiligtum, in dem sich die von Phidias geschaffene goldelfenbeinerne Statue des Gottes befand Aug. 60; Cal. 22,2; 57,1; Ner. 12,4; 23,1; 24,2; 25,1; 53
Optimaten: aristokratisch-konservative Partei des Adels und des Senats (2./1. Jh. v. Chr.); Gegner der demokratisch ausgerichteten Popularen (»Volksfreunde«) Caes. 11; 15; 19,1 f.; 45,3; Aug. 10,2 f.; 12; Tib. 2,4
Orchestra: Bereich vor der Bühne, der für die Senatoren reserviert war Caes. 39,2; 76,1; Aug. 35,2; 44,1; Tib. 66; Claud. 21,1; 25,4; Ner. 12,3; 20,2
Origines: Schrift des M. Porcius Cato; erste (fragmentarisch erhaltene) Geschichte in lat. Sprache Aug. 86,3

Palatin/palatinisch: einer der sieben Hügel Roms Aug. 5; 29,1.3; 31,1; 52; 57,2; 72,1; Tib. 5; Cal. 14,2; 46; Claud. 17,3; 18,2; Ner. 25,2; Oth. 1,3; 6,1

Pannonien: Landschaft zwischen Dakien, Noricum und Illyrien Aug. 21,1; Oth. 9,3; Vit. 15,1

Pannonier/pannonisch Aug. 20; Tib. 9,1 f.; 17,1; 20

Parma: Stadt in Oberitalien Aug. 4,2

Parther/parthisch: Bewohner Parthiens Caes. 44,3; 79,3; Aug. 8,2; 21,3; 43,4; Tib. 9,1; 16,1; 41; 49,2; 66; Cal. 5; 14,3; 19,2; Claud. 25,4; Ner. 39,2; 47,2; 57,2; Vit. 2,4; Vesp. 6,4; 23,4; Dom. 2,2

Peloponnes: Halbinsel im Süden Griechenlands Aug. 17,3

Pergamon: Stadt in Kleinasien Aug. 89,1

Perusia: Stadt in Mittelitalien; heute Perugia; Schauplatz von Octavians Sieg über L. Antonius (41/40 v. Chr.) Aug. 9; 14; 15; 96,2; Tib. 4,2

Philippi: Stadt in Makedonien; Schauplatz von Octavians Sieg über die Caesar-Mörder (42 v. Chr.) Aug. 9; 13,1; 22; 29,2; 91,1; 96,1; Tib. 5; 14,3

Phoebe: Freigelassene Aug. 65,2

Pinarius: röm. Ritter Aug. 27,3

Plautius Rufus: verschwor sich gegen Augustus Aug. 19,1

Polus: Freigelassener der Augustus Aug. 67,2

Polybius: Freigelassener der Augustus Aug. 101,1

Cn. Pompeius: Beiname Magnus; 106–48 v. Chr.; bedeutender Feldherr; besiegte u. a. Mithridates VI. von Pontos; im Bürgerkrieg von Caesar bei Pharsalos besiegt; Flucht nach Ägypten, wo er ermordet wurde; das von ihm errichtete Theater auf dem Marsfeld brannte 22 n. Chr. teilweise aus, wurde von Tiberius und Caligula wieder aufgebaut und von Claudius 41 n. Chr. erneut eingeweiht Caes. 19,2; 20,5; 21; 24,1; 26,1; 27,1; 28,2 f.; 29,2; 30,2; 34,1 f.; 35,1 f.; 36; 37,1; 49,2; 50,1; 54,3; 56,1; 68,2 f.; 69; 75,1.4; 80,4; 81,3; 83,1; 84,3; Aug. 4,1; 8,1; 9; 31,5; Tib. 15,1; 17; Cal. 21; Claud. 11,3; 21,1; Ner. 2,3; 46,1; Vesp. 1,2

Sex. Pompeius

1. Sohn des Pompeius; setzte nach dem Tod seines Vaters den Kampf gegen Caesar fort; eroberte 43 v. Chr. Sizilien; 35 hingerichtet Aug. 9; 16,1.3 f.; 47; 68; 74; Tib. 4,3; 6,3
2. Konsul 14 n. Chr. Aug. 100,1

M. Porcius Cato: 234–149 v. Chr.; Heerführer, Politiker und Schriftsteller; Verfasser der *Origines* Aug. 86,3

M. Porcius Cato Uticensis: 95–46 v. Chr.; Gegner Caesars; »der letzte Republikaner« Caes. 14,2; 19,1; 20,4; 30,3; 53; Aug. 13,2; 85,1; 87,1

Praeneste: Stadt in Latium Aug. 72,2; 82,1; Tib. 4,2; 63,1; Dom. 15,2

Psyller: libyscher Volksstamm; die Psyller waren angeblich gegen Schlangengift immun; ihre Hilfe bei derartigen Verwundungen galt als besonders wirksam Aug. 17,4

Ptolemaier: Angehöriger des von Ptolemaios I. gegründeten Herrschergeschlechts Aug. 18,1

Punische Kriege: drei Kriege (264–241; 218–201; 149–146 v. Chr.), in denen Rom mit Karthago um die Vorherrschaft im Mittelmeerraum kämpfte Aug. 2,2; Tib. 16,1; Ner. 38,2

Puteoli: kampanische Hafenstadt bei Neapel; heute Pozzuoli Aug. 44,1; 98,2; Cal. 19,1; 32,1; Claud. 25,2; Vit. 12; Vesp. 8,3; Tit. 5,3

Pylades: Schauspieler Aug. 45,4

P. Quintilius Varus: Konsul 13 v. Chr.; Heerführer in Germanien, dort 9 n. Chr. vernichtend geschlagen (Schlacht im Teutoburger Wald) Aug. 23,1 f.; 49,1; Tib. 17,1 f.; 18,1; Cal. 3,2; 31

Quirinus: Beiname des Gottes Ianus Aug. 22

Räter/rätisch: Bewohner Rätiens Aug. 77; Tib. 9,1 f.; Claud. 1,2

Rätien: Land zwischen Donau, Rhein und Lech Aug. 21,1

Ravenna: Stadt südlich der Po-Mündung Caes. 30,1; Aug. 20; 49,1; Tib. 20

Regia: Amtslokal des Oberpriesters Aug. 76,2

Regium: griech. Kolonie an der Ostküste Kalabriens; heute Reggio di Calabria Aug. 16,3; Tit. 5,3

Rhein Caes. 25,1 f.; Aug. 21,1; 25,2; Tib. 9,2; 18,1 f.; Cal. 45,1; 51,2; Claud. 1,2; Dom. 6,2

Roma: Göttin Aug. 52

Romulus: Gründer der Stadt Rom; erster König Aug. 7,2; 95; Tib. 1,1; 59,2; Cal. 25,1;

Rufilla: Geliebte des Augustus Aug. 69,2

P. Rutilius Rufus: Konsul 105 v. Chr. Aug. 89,2

Saepten: Abstimmungsgelände auf dem Marsfeld; in der frühen Kaiserzeit Schauplatz von Spielen Aug. 43,1.4; Tib. 17,2; Cal. 18,1; 21; Claud. 21,4; Ner. 12,4

Salasser: Volk im nordwestlichen Italien, im heutigen Aostagebiet Aug. 21,1

C. Sallustius Crispus: 86–35 v. Chr.; Anhänger Caesars; Verfasser von *De coniuratione Catilinae* (Verschwörung des Catilina), *Bellum Iugurthinum* (Krieg gegen Jugurtha), *Historiae* und politischer Schriften Aug. 86,3

Salvia Titisenia: Geliebte des Augustus Aug. 69,2

Salvidienus Rufus: röm. Ritter; designierter Konsul für 39 v. Chr. Aug. 66,1 f.

Samos: Insel vor der türkischen Westküste Aug. 17,3; 26,3; Tib. 12,2; Cal. 21; Vesp. 8,4

Sandaliarius: Beiname des Apollo Aug. 57,1

Sardinien Aug. 47

Saturn: altitalischer Gott der Saaten; als griech. Kronos Ahnherr der Götter; seine Herrschaft galt als Goldenes Zeitalter; in seinem Tempel zwischen Forum und Kapitol waren die Staatskasse und die Akten der kaiserlichen Finanzverwaltung untergebracht Aug. 29,5; Tib. 59,1; Claud. 24,2; Oth. 6,2

Saturnalien: ausgelassen gefeiertes Fest im Dezember Aug. 75; Cal. 17,2; Claud. 5; Vesp. 19,1

Scaptisch: Name einer Tribus Aug. 40,2

Scribonia: zweite Frau des Augustus; Mutter der Iulia Aug. 62,2; 63,1; 69,1

Scrutarius: Klient des Augustus Aug. 56,4

L. Sergius Catilina: um 108 – 62 v. Chr.; versuchte nach dem vergeblichen Bemühen, auf legalem Weg das Konsulat zu erreichen, mittels einer Verschwörung die Herrschaft in Rom an sich zu reißen (63 v. Chr.); die Verschwörung wurde vom Konsul Cicero aufgedeckt Caes. 14,1; 17,1; Aug. 3,1; 94,5

P. Servilius Isauricus: 48 und 41 v. Chr. Konsul; seine Tochter war mit Augustus verlobt Aug. 62,1; Tib. 5

Servius Tullius: der Sage nach der sechste König Roms Aug. 2,1

Sextilis: sechster Monat des altröm. Kalenders; damals begann das Jahr am 1. März Aug. 31,2

Terentilla: Geliebte des Augustus Aug. 69,2

A. Terentius Varro Murena: Bruder von Terentia, der Gattin des Maecenas; Konsul 23 v. Chr.; verschwor sich gegen Augustus Aug. 19,1; 56,4; 66,4; Tib. 8

Tertulla: Geliebte des Augustus Aug. 69,2

Thallus: Sekretär des Augustus Aug. 67,2

Theogenes: Astrologe Aug. 94,12

Thessalien: Landschaft im Nordosten Griechenlands Aug. 96,1

Thraker: Bewohner Thrakiens; Typ eines Gladiators Aug. 3,2; Tib. 37,4; Cal. 35,2; 54,1; 55,2; Tit. 8,2; Dom. 10,1

Thrakien/thrakisch: Landschaft im Nordosten Griechenlands Caes. 44,3; Aug. 94,5; Tib. 16,2; Vesp. 2,3

Thrasyllus: gest. 36 n. Chr.; Hofastrologe des Tiberius Aug. 98,4; Tib. 14,4; 62,3; Cal. 19,3

Thurii: Stadt in Lukanien, neu erbaut an der Stelle der 510 v. Chr. zerstörten Stadt Sybaris Aug. 2,3; 3,1; 7,1

Thurinus: Beiname des Augustus Aug. 7,1

Tiber: Fluss; fließt auch durch Rom Caes. 44,3; 82,4; 83,2; Aug. 30,1; 37; 43,1; 100,4; Tib. 2,3; 61,4; 72,1; 75,1; Cal. 15,1; Claud. 38,1; Ner. 27,3; 47,3; Oth. 8,3; Vit. 17,2; Vesp. 19,2; Dom. 1,2; 4,2

Tibur: Stadt in Latium Aug. 72,2; 82,1; Cal. 8,1 f.; 21; Claud. 34,1

Tonans: »Donnerer«; Beiname Iuppiters Aug. 29,1.3; 91,2

Toranius: Sklavenhändler Aug. 69,1

C. Toranius: Vormund des Augustus Aug. 27,1

Torquatus: Beiname des Nonius Asprenas und seiner Nachkommen Aug. 43,2; Cal. 35,1

Tragoedus: hier »in der Tragödenstraße«; auch Beiname Iuppiters Aug. 57,1

Trojaspiel: Reiterspiel Caes. 39,2; Aug. 43,2; Tib. 6,4; Cal. 18,3; Claud. 21,3; Ner. 7,1

M. Tullius Cicero: 106–43 v. Chr.; bedeutendster röm. Redner; Konsul 63 (Niederschlagung der Catilinarischen Verschwörung); vom Volkstribunen Clodius wegen seines damaligen Verhaltens terrorisiert, ging er 58 freiwillig in die Verbannung Caes. 9,2; 14,2; 17,2; 20,4; 30,5; 42,3; 49,3; 50,2; 55,1; 56,1.6; Aug. 3,2; 5; 94,9; Tib. 2,4; 7,2; Claud. 41,3

Q. Tullius Cicero: geb. um 102 v. Chr.; Bruder des Marcus; 65 Ädil; 62 Prätor; seine Statthalterschaft in der Provinz Asia wurde zweimal verlängert; fiel 43 den Proskriptionen zum Opfer Aug. 3,2

Tyrrhener/tyrrhenisch: anderer Name der Etrusker Aug. 49,1; Claud. 42,2

Ultor: »Rächer«; Beiname des Mars Aug. 21,2; 29,1; Cal. 24,3

M. Valerius Corvinus Messala: Konsul 31 v. Chr.; Redner und Schriftsteller Aug. 58,1 f.; 74; Tib. 70,1; Claud. 13,2

Velitrae: Stadt der in Mittelitalien ansässigen Volsker; heute Velletri Aug. 1; 6; 94,2

Venus: griech. Aphrodite; Göttin der Liebe; in der Sage Mutter des Aeneas; als V. Genetrix Ahnherrin der Iulier mit Tempel in Rom Caes. 6,1; 49,3; 61; 78,1; 84,1; Aug. 71,2; Cal. 7; 52; 56,2; Claud. 25,5; Galb. 18,2; Vesp. 18; Tit. 5,1

Veranius Flaccus: Schriftsteller; Vertreter einer altertümlichen Ausdrucksweise Aug. 86,3

Vestalische Jungfrau / Vestalin: (zu Keuschheit verpflichtete) Priesterin der Vesta, der Göttin des Herdfeuers Caes. 1,2; 83,1; Aug. 31,3; 44,3; 101,1; Tib. 2,4; 76; Ner. 12,4; 28,1; Vit. 16; Dom. 8,3 f.

Via Flaminia: Straße von Rom in Richtung Norden Aug. 30,1; 100,4

C. Vibius Pansa: Konsul 43 v. Chr.; starb an einer Verwundung, die er sich in der Schlacht bei Mutina zugezogen hatte Aug. 10,3; 11; Tib. 5

Vindeliker/vindelikisch: kelt. Volk auf der oberbayerisch-oberschwäbischen Hochebene Aug. 21,1; Tib. 9,1 f.

Vinicius: Gast des Augustus Aug. 71,2

L. Vinicius: vornehmer Römer Aug. 64,2

T. Vinius Philopoemen: Freigelassener Aug. 27,2

Vipsania Agrippina: Agrippina die Ältere: 14 v. – 33 n. Chr.; Enkelin des Augustus; Tochter des Agrippa und der Iulia; seit 5 n. Chr. mit Germanicus verheiratet; Mutter Caligulas Aug. 64,1; 86,3; Tib. 53,1; Cal. 7; 8,1.3 f.

M. Vipsanius Agrippa

1. 64/63–12 v. Chr.; Freund und Schwiegersohn des Augustus;

Schwiegervater des Germanicus; Feldherr und Politiker Aug. 16,2; 25,3; 29,5; 35,1; 42,1; 63,1; 64,1; 66,3; 94,12; 97,1; Tib. 7,2; 10,1; Cal. 7; 23,1

2. Beiname Postumus; 12 v. – 14 n. Chr.; Sohn der Iulia und des M. Vipsanius Agrippa; von Augustus adoptiert und später verbannt; vor Tiberius' Thronbesteigung ermordet Aug. 19,2; 51,1; 64,1; 65,1.4; Tib. 15,2; 22; 25,1

Zeus: griech. Göttervater Aug. 60; Cal. 22,2; 57,1

Stammtafel

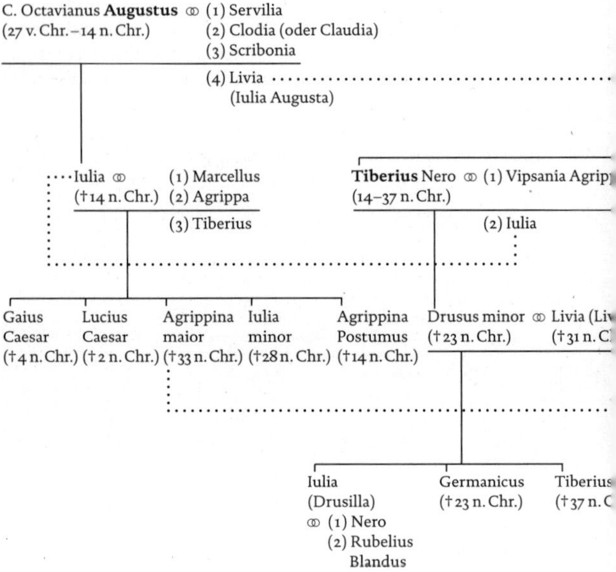

Zeichenerklärung:

⚭ = verheiratet mit
→ = Sohn oder Tochter von

Die Namen der Herrscher sind durch Fettdruck hervorgehoben

Das iulisch-claudische Kaiserhaus

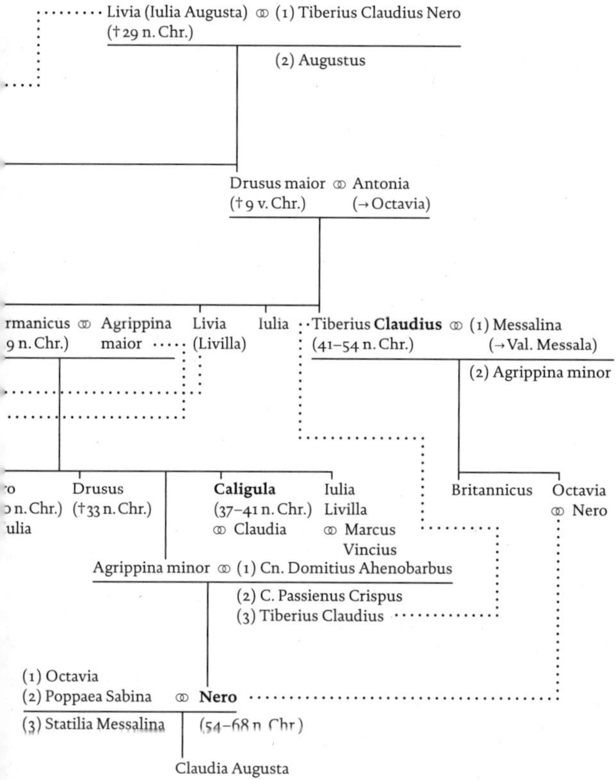
Livia (Iulia Augusta) ⚭ (1) Tiberius Claudius Nero
(† 29 n. Chr.)
(2) Augustus
Drusus maior ⚭ Antonia
(† 9 v. Chr.) (→ Octavia)
rmanicus ⚭ Agrippina maior
9 n. Chr.)
Livia (Livilla)
Iulia
Tiberius **Claudius** ⚭ (1) Messalina
(41–54 n. Chr.) (→ Val. Messala)
(2) Agrippina minor
o
o n. Chr.)
ulia
Drusus
(† 33 n. Chr.)
Caligula
(37–41 n. Chr.)
⚭ Claudia
Iulia Livilla
⚭ Marcus Vincius
Britannicus
Octavia
⚭ Nero
Agrippina minor ⚭ (1) Cn. Domitius Ahenobarbus
(2) C. Passienus Crispus
(3) Tiberius Claudius
(1) Octavia
(2) Poppaea Sabina ⚭ **Nero**
(3) Statilia Messalina
(54–68 n. Chr.)
Claudia Augusta

Zeittafel

100 v. Chr.	Geburt Caesars
88–82	Bürgerkrieg zwischen Marius und Sulla
82–79	Diktatur Sullas
80	Caesar in Kleinasien
75/74	Caesar in der Gefangenschaft von Seeräubern
72	Beginn von Caesars Ämterlaufbahn als Militärtribun
68 (?)	Caesar als Quästor in Spanien
65	Caesar kurulischer Ädil
63	Caesar Pontifex Maximus; Konsulat Ciceros; Catilinarische Verschwörung; Geburt Octavians (Augustus')
62	Prätur Caesars; Bona-Dea-Skandal (Clodius)
61	Caesars Statthalterschaft in Spanien
60	Erstes Triumvirat (Caesar, Crassus und Pompeius)
59	Caesar Konsul
58–51	Eroberung Galliens
56	Erneuerung des Triumvirats
49–48	Bürgerkrieg zwischen Caesar und Pompeius
48	Sieg über Pompeius bei Pharsalos
46	Sieg über die Pompejaner bei Thapsos, 45 bei Munda
45	Caesar Diktator auf Lebenszeit
44	Ermordung Caesars
43	Zweites Triumvirat (Antonius, Lepidus, Octavian); Proskriptionen; Ermordung Ciceros
42	Schlachten bei Philippi: Sieg des Antonius und Octavian über die Caesar-Attentäter; Geburt des Tiberius
41/40	Bellum Perusinum
31	Schlacht bei Actium: Sieg Octavians über Antonius und Kleopatra; Ägypten wird römische Provinz
27 v. – 14 n. Chr.	**Prinzipat des Augustus**
26–25	Augustus in Spanien
23	Augustus erhält die *tribunicia potestas* auf Lebenszeit
20	Friedensvertrag mit den Parthern
18	Ehe- und Sittengesetzgebung
16–15	Unterwerfung der Alpenstämme

16–13	Augustus in Gallien
12	Tod Agrippas; Augustus Pontifex Maximus
12–9	Eroberung Pannoniens durch Tiberius
12–8	Vorstöße nach Germanien
10	Geburt des Claudius
3	Geburt Galbas

---

2 n. Chr.	Tod des Lucius Caesar
4	Tod des Gaius Caesar
6–9	Niederschlagung des dalmatisch-pannonischen Aufstandes durch Tiberius
9	Schlacht im Teutoburger Wald (Niederlage des Varus); Geburt Vespasians
12	Geburt Caligulas
12 (oder 15)	Geburt des Vitellius
14	Tod des Augustus
14–37	**reg. Kaiser Tiberius**
19	Tod des Germanicus
27–37	Tiberius auf Capri
31	Sturz des Seianus
32	Geburt Othos
37	Geburt Neros
37–41	**reg. Kaiser Caligula**
39	Geburt des Titus
41–54	**reg. Kaiser Claudius**
43	Feldzug gegen Britannien
48	Sturz und Tod der Messalina
51	Geburt Domitians
54–68	**reg. Kaiser Nero**
64	Brand Roms; Christenverfolgung
65	Pisonische Verschwörung; Tod Senecas
66	Griechenlandreise Neros
59	Ermordung Agrippinas
55	Ermordung des Britannicus
67–70	Judäischer Aufstand
68/69	**Galba, Otho, Vitellius als Kaiser**

Literaturhinweise

Ausgaben, zweisprachige Ausgaben und Kommentare

C. Suetonius Tranquillus: Opera. Vol. 1. De vita Caesarum Libri VIII. Hrsg. von M. Ihm. Leipzig: Teubner, 1908/1933. Neudr. Stuttgart 1958.

C. Suetoni Tranquilli De vita Caesarum libri VIII et De grammaticis et rhetoribus liber. Hrsg. von Robert A. Kaster. Oxford: Oxford University Press, 2016.

Suétone: Vies des douze Césars. 3 Bde. Hrsg. und übers. von H. Ailloud. Paris: Les Belles Lettres, 1931/32.

Suetonius: Lives of Caesars. 2 Bde. Hrsg. und übers. von J. C. Rolfe. Cambridge: Harvard University Press, 2001.

Suetonius: Divus Augustus. Hrsg., übers. und komm. von J. M. Carter. Bristol: Bristol Classical Press, 1982.

C. Suetonius Tranquillus: Augustus. Lat./Dt. Übers. und hrsg. von D. Schmitz. Stuttgart: Reclam, 2010.

Übersetzungen

Sueton: Cäsarenleben. Hrsg. und erläutert von M. Heinemann. Mit einer Einl. von R. Till. Stuttgart: Kröner, 1957. [Zit. als: Heinemann.]

Sueton: Kaiserbiographien. Übers. von A. Stahr. Bearb. von M. Vosseler. 2 Bde. München: Goldmann, 1961.

Sueton: Leben der Caesaren. Übers. und hrsg. von A. Lambert. München: Deutscher Taschenbuchverlag, 1972. [Zit. als: Lambert.]

Sueton: Kaiserbiographien. Lat./Dt. Hrsg. von O. Wittstock. Berlin: Akademie Verlag, 1993. [Zit. als: Wittstock.]

C. Suetonius Tranquillus: Das Leben der römischen Kaiser. Übers. von H. Martinet. Düsseldorf: Albatros, 2001.

C. Suetonius Tranquillus: Sämtliche erhaltene Werke. Unter Zugrun-

delegung der Übertr. von Adolf Stahr neu bearb. von F. Schön und G. Waldherr. Mit einer Einf. von F. Schön. Essen: Magnus, 2004.

Sueton: Leben und Taten römischer Kaiser. Über berühmte Männer. Übers. von A. Stahr und W. Krenkel. Köln: Anaconda, 2008.

C. Suetonius Tranquillus: Die Kaiserviten / De vita Caesarum. Berühmte Männer / De viris illustribus. Lat./Dt. Hrsg. und übers. von H. Martinet. Berlin: Akademie Verlag, 42013. (Sammlung Tusculum.) [Zit. als: Martinet.]

Sueton. Die Kaiser der Julisch-Claudischen Dynastie. Neu übers. von L. Möller. Wiesbaden: Marix, 2013.

C. Suetonius Tranquillus: Kaiserbiographien. Übers. und komm. von U. Blank-Sangmeister, M. Giebel, H. Martinet und D. Schmitz. Hrsg. und mit Nachw. von U. Blank-Sangmeister. Stuttgart: Reclam, 2018.

Literaturberichte und Bibliographien

Benediktson, D. T.: A Survey of Suetonius Scholarship, 1938–1987. In: The Classical World 86 (1992) S. 377–447.

Galand-Hallyn, P.: Bibliographie suétonienne (Les ›Vies des XII Césars‹), 1950–1988. Vers une réhabilitation. In: Aufstieg und Niedergang der römischen Welt. Bd. II,33,5. Hrsg. von W. Haase und H. Temporini. Berlin / New York 1991. S. 3574–3622.

Gerstmann, D.: Bibliographie: Lateinunterricht. Lateinische Autoren: Sekundärliteratur. Werkausgaben. Kommentare und Übersetzungen. Paderborn 1997. S. 420–422.

Walter, U.: Der Princeps als Produkt und Gestalter. Augustus, Tiberius und ihre neueren Biographen. In: Zwischen Strukturgeschichte und Biographie. Probleme und Perspektiven einer neuen Römischen Kaisergeschichte 31 v. Chr. – 192 n. Chr. Hrsg. von A. Winterling. München 2011. S. 235–252. (Schriften des Historischen Kollegs. 75.)

Index

Howard, A. A. / Jackson, C. N.: Index verborum C. Suetoni Tranquilli. Cambridge (Mass.) 1922. Reprogr. Nachdr. Hildesheim 1963.

Weiterführende Literatur

Albrecht, M. von: Geschichte der römischen Literatur. 2 Bde. München [2]1994. [Sueton: Bd. 2, S. 1104–19.]

Baldwin, B.: Biography at Rome. In: Studies in Latin Literature and Roman History. Bd. 1. Hrsg. von C. Deroux. Brüssel 1979. S. 101–118. (Coll. Latomus. 164.)

– Suetonius. The Biographer of the Caesars. Amsterdam 1983.

Bleicken, J.: Die Verfassung der Römischen Republik. Paderborn 1975. [2]1978.

Christ, K.: Geschichte der römischen Kaiserzeit. München 1992.

Della Corte, F.: Suetonio, eques Romanus. Mailand 1958, [2]1967.

Dihle, A.: W. Steidle und die antike Biographie. In: Göttingische Gelehrte Anzeigen 208 (1954) S. 45–55.

– Studien zur griechischen Biographie. Abhandlungen der Akademie der Wissenschaften in Göttingen, Phil.-Hist. Kl. 3,37. Göttingen [2]1970.

– Die Entstehung der historischen Biographie. Heidelberg 1986.

Dorey, T. A. (Hrsg.): Latin Biography. London 1967.

Ehlers, W. W. (Hrsg.): La biographie antique. Genf 1998. S. 193–210.

Flach, D.: Zum Quellenwert der Kaiserbiographien Suetons. In: Gymnasium 79 (1972) S. 273–289.

Fuhrmann, M.: Art. »Biographie«. In: Der Kleine Pauly. Bd. 1. Hrsg. von K. Ziegler und W. Sontheimer. München 1979. Sp. 902–904.

– Art. »Suetonius«. In: Der Kleine Pauly. Bd. 5. Hrsg. von K. Ziegler, W. Sontheimer und H. Gärtner. München 1979. Sp. 411–413.

Funaioli, G.: I Cesari di Suetonio. Raccolta di Scritti in onore di R. Ramorino. Pubblicazione della Università Cattolica Del Sacro Cuore. Serie quarta: Scienze filologiche. Bd. 7. Mailand 1927. S. 1–26.

Gascou, J.: Suétone historien. Paris/Rom 1984.

Gerstinger, H.: Art. »Biographie«. In: Reallexikon für Antike und Christentum. Bd. 2. Hrsg. von Th. Klauser. Stuttgart 1954. S. 386–391.
Görgemanns, H.: Art. »Biographie«. In: Der Neue Pauly. Enzyklopädie der Antike. Bd. 2. Hrsg. von H. Cancik und H. Schneider. Stuttgart/Weimar 1997. Sp. 682–689.
Grant, M.: Roms Caesaren. Von Julius Caesar bis Domitian. München 1978.
Gugel, H.: Studien zur biographischen Technik Suetons. Wien/Köln/Graz 1977.
Haenisch, E.: Die Kaiserbiographien Suetons. Münster 1937.
Kienast, D.: Augustus. Prinzeps und Monarch. Darmstadt [4]2009.
Leo, F.: Die griechisch-römische Biographie nach ihrer literarischen Form. Leipzig 1901.
Lewis, R. G.: Suetonius' ›Caesares‹ and their Literary Antecedents. In: Aufstieg und Niedergang der römischen Welt. Bd. II,33,5. Hrsg. von W. Haase und H. Temporini. Berlin / New York 1991.
Lounsbury, R. C.: The Art of Suetonius. An Introduction. New York / Frankfurt a. M. 1987.
Macé, M.: Essai sur Suétone. Paris 1900.
Malitz, J.: Autobiographie und Biographie römischer Kaiser im 1. Jhdt. n. Chr. In: Propaganda – Selbstdarstellung – Repräsentation im römischen Kaiserreich des 1. Jhs. n. Chr. Hrsg. von G. Weber. Stuttgart 2003. S. 227–242.
Meyer, E.: Römischer Staat und Staatsgedanke. Darmstadt 1961.
Mouchová, B.: Studien zu Kaiserbiographien Suetons. Prag 1968.
Pausch, D.: Biographie und Bildungskultur. Personendarstellungen bei Plinius dem Jüngeren, Gellius und Sueton. Berlin / New York 2004.
Power, T. / Gibson, R. K. (Hrsg.): Suetonius the Biographer. Studies in Roman Lives. Oxford 2014.
Sallmann, K.: Art. »S. Tranquillus«. In: Der Neue Pauly. Enzyklopädie der Antike. Bd. 11. Hrsg. von H. Cancik und H. Schneider. Stuttgart/Weimar 2001. Sp. 1084–88.
Scherberich, K.: Untersuchungen zur Vita Claudii des Sueton. Diss. Köln 1995.
Scullard, H. H.: Römische Feste. Mainz 1985.

Sonnabend, H.: Geschichte der antiken Biographie. Von Isokrates bis zur Historia Augusta. Stuttgart/Weimar 2002.

Steidle, W.: Sueton und die antike Biographie. München 1951. (Zetemata. 1.)

Stuart, D. R.: Epochs of Greek and Roman Biography. New York [2]1967.

Swain, S.: Biography and Biographic in the Literature of the Roman Empire. In: Portraits. Biographical Representation in the Greek and Latin Literature of the Roman Empire. Hrsg. von M. J. Edwards und S. Swain. Oxford 1997. S. 1–37.

Townend, G. B.: The Date of Composition of Suetonius' Caesares. In: Classical Quarterly 9 (1959) S. 285–293.

– The Sources of the Greek in Suetonius. In: Hermes 88 (1960) S. 98–120.

– The Hippo Inscription and the Career of Suetonius. In: Historia 10 (1961) S. 99–109.

– Suetonius and His Influence. In: Latin Biography. Hrsg. von Th. A. Dorey. London 1967. S. 79–111.

Wallace-Hadrill, A.: Suetonius. The Scholar and his Caesars. London 1983. [[2]1995.]

Walter, U.: Memoria und res publica. Zur Geschichtskultur im republikanischen Rom. Frankfurt a. M. 2004.

Nachwort

Suetons Leben

Über das Leben des C. Suetonius Tranquillus gibt es nur wenige gesicherte Fakten. In der Nero-Vita (57,2) erzählt der Autor, er sei 20 Jahre nach dem Tod des Kaisers ein junger Mann gewesen (*adulescente me*), und in der Vita Domitians bezeichnet er sich zum Zeitpunkt, als der Kaiser (reg. 81–96 n. Chr.) die Judensteuer eintrieb, ebenso als *adulescens* (12,2). Somit dürfte er um das Jahr 70 geboren sein, vielleicht, wie eine Inschrift vermuten lässt,[1] im nordafrikanischen Hippo Regius. Als Angehöriger des Ritterstandes genoss er – wahrscheinlich in Rom – die standesübliche rhetorische Ausbildung, verzichtete aber auf eine politische Karriere und arbeitete zunächst als Advokat. Der jüngere Plinius (61 – um 113), sein Freund und Gönner, erwähnt ihn mehrfach in seinen Briefen. So unterstützte er ihn beim Kauf eines Gütchens vor den Toren Roms (Plin. epist. 1,24), erwirkte für ihn ein Militärtribunat (3,8), ermutigte ihn zur Veröffentlichung einer Schrift (5,10) und bat den Kaiser Trajan, Sueton, »einem rechtschaffenen, ehrenhaften, hochgebildeten Mann«, das *ius trium liberorum* (Genuss des Dreikinderrechts[2]) zu gewähren (10,94). Wohl noch im Dienste Trajans (reg. 98–117) hatte Sueton zwei wichtige Ämter inne: In der Funktion *a studiis* diente er dem Kaiser als wissenschaftlicher Sachverständiger und Berater, und in der Funktion *a bibliothecis* betreute er die kaiserlichen Bibliotheken in Rom. Unter Trajans Nachfolger Hadrian (reg. 117–138) bekleidete er

1 Dazu und zu anderen Fragen der Chronologie ausführlich Scherberich, S. 1 ff.

2 Vgl. Suet. Claud. 15,1 und Anm. 76.

den Spitzenposten *ab epistulis*, in dem er für die kaiserliche Korrespondenz zuständig war und Zugang zu den staatlichen Archiven hatte. Dies machte ihn zu einem der bestinformierten Männer im Kaiserreich. Im Jahr 121 war es jedoch mit seiner Karriere vorbei: Ebenso wie sein Freund C. Septicius Clarus, dem die *Kaiserbiographien* gewidmet sind, wurde er aus dem Dienst entlassen, weil er gegenüber der Kaiserin gegen die Hofetikette verstoßen hatte (Hist. Aug. Hadr. 11,3). Nach diesem Ereignis verliert sich Suetons Spur, und auch sein Todesdatum ist unbekannt.

Das Gesamtwerk

In der sog. *Suda* und in der sonstigen Überlieferung sind zahlreiche – teilweise auf Griechisch verfasste – Schriften Suetons bezeugt, die ihn als einen echten Universalgelehrten ausweisen. So befasste er sich mit historischen, antiquarischen, naturhistorischen und sprachlich-grammatischen Fragen. Viele dieser Schriften dürften Teil eines Sammelwerks mit dem Titel *Pratum*[3] gewesen sein. Auf die Nachwelt gekommen sind aber neben einigen griechischen Exzerpten nur Teile aus *De viris illustribus*, Biographien von römischen Geistesheroen (Dichtern, Rednern, Geschichtsschreibern, Grammatikern und Rhetoren) sowie die (fast vollständig überlieferten) *Kaiserbiographien*: *De vita Caesarum*.

3 Vgl. P. L. Schmidt, »Suetons ›Pratum‹ seit Wessner (1917)«, in: *Aufstieg und Niedergang der römischen Welt*, hrsg. von W. Haase und H. Temporini, Bd. II,33,5, Berlin / New York 1991, S. 3794–3825.

Die *Kaiserbiographien*

Allgemeines

Die *Kaiserbiographien* enthalten in acht Büchern die Lebensbeschreibungen der ersten zwölf Herrscher von Caesar (hier fehlt der Anfang bis zu Caesars 16. Lebensjahr) bis Domitian. Dass Caesar und nicht der erste Prinzeps Augustus den Anfang bildet, dürfte zwei Gründe haben: Zum einen hatte Caesar mit seinen »diktatorischen Vollmachten das monarchische Prinzip sozusagen vorexerziert«[4], zum anderen war er quasi der Ahnherr des iulisch-claudischen Hauses, dem die Kaiser von Augustus bis Nero angehörten. Jede der zwölf Lebensbeschreibungen ist eine in sich geschlossene Einheit, die durch keine expliziten Querverweise mit den anderen Texten verbunden ist. Aus der Tatsache, dass die letzten sechs Biographien deutlich kürzer sind als die früheren, haben manche vermutet, dass sie nach dem Jahr 122 erschienen sind, als Sueton nach seinem Ausscheiden aus dem kaiserlichen Dienst schon keinen Zugang mehr zu den staatlichen Archiven und Originaldokumenten hatte.[5]

Zum Quellenwert der Kaiserbiographien[6]

Die *Kaiserviten* gelten als bedeutende Quelle sowohl für die Geschichte von Caesar bis Domitian als auch für die Art der Geschichtsbetrachtung des frühen 2. Jahrhunderts und ge-

4 Sonnabend, S. 172.
5 Zur Problematik der Datierung und relativen Chronologie vgl. Pausch, S. 252–258.
6 Hier folge ich den Ausführungen Sonnabends, S. 173 ff.

ben zudem Aufschluss über den Geschmack des Publikums und das Verhältnis zwischen Herrscher und Beherrschten. Lehrreich ist der Vergleich mit Tacitus, der in seinen *Annalen* und *Historien* denselben Stoff behandelt wie Sueton, ihn aber gänzlich anders darstellt.[7] Im traditionellen Stil der Historiographie erzählt Tacitus die geschichtlichen Ereignisse jahresweise und schildert sie aus dem Blickwinkel eines politisch interessierten Senators. Sueton hingegen personalisiert die Geschichte, konzentriert sich auf die Person des Kaisers und schreibt aus der Perspektive eines am Kaiserhof lebenden Funktionsträgers. Gegenüber Tacitus hat er den Vorteil, dass er sich (neben der mündlichen Überlieferung) nicht nur auf die üblichen historiographischen und biographischen Schriften[8] und allgemein zugänglichen »offiziellen« Dokumente (wie die *Fasti* und die *Acta diurna populi Romani*) stützen muss, sondern in seinen kaiserlichen Ämtern wirklich »an der Quelle« sitzt und – wenn er etwa aus Briefen des Augustus oder einem an den Senat gerichteten Schreiben des Tiberius zitiert[9] – über Detailkenntnisse verfügt, die jener nicht haben kann. »So kann man über die *Kaiserbiographien* Suetons viel Kritisches vorbringen, sich über seine Vorliebe für Klatsch und Anekdoten beschweren (wobei andere diese Facette für besonders attraktiv halten) – nicht vorwerfen kann man Sueton auf

7 Ob Tacitus von Sueton als Gewährsmann genutzt wurde, lässt sich nicht mehr klären. Manche Übereinstimmungen könnten auch auf eine gemeinsame Quelle zurückzuführen sein. Vgl. v. Albrecht, S. 1106.

8 Zu den von Sueton namentlich erwähnten Autoren vgl. v. Albrecht, S. 1106.

9 Briefauszüge des Augustus finden sich in Aug. 21,2–4; 86,3; 87,1–3; Tib. 21,4–7; Cal. 8,4; Claud. 4,1–6. – Der Anfang eines Tiberius-Briefes ist in Tib. 67,1 zitiert.

jeden Fall, kein erstklassiges Material zur Verfügung gehabt zu haben.«[10]

Der hohe historische Wert der *Kaiserviten* beruht nicht nur auf der Qualität der Quellen, mit denen sich Sueton bisweilen ganz explizit auseinandersetzt,[11] sondern auch auf der nüchternen Art der Darstellung. Somit liefert der eher unpolitische Sueton gleichsam das historische »Rohmaterial«, das dem antiken (und modernen) Leser eine eigenständige Interpretation gestattet.

Schließlich geben die Viten auch Auskunft über die Interessen, den Geschmack und die Bedürfnisse ihrer zeitgenössischen Rezipienten. Sueton schreibt für ein römisches Publikum, Angehörige der »Salonkultur« (D. Pausch), ein Publikum, das über seine Kaiser nicht nur als politische Herrscher, sondern auch als Privatpersonen möglichst alles wissen wollte.

Form der Darstellung und literarische Bewertung

Für die moderne Leserschaft überraschend ist der Aufbau der einzelnen Lebensbeschreibungen, da sie alle einem mehr oder weniger konstanten Schema folgen, unabhängig von der Person des Kaisers. Dabei folgt der Autor zwei Prinzipien, einem chronologischen und einem rubrizierend-systematischen; in der Augustus-Vita (Kap. 9) benennt er sie selbst: »Nachdem ich gewissermaßen einen allgemeinen Überblick über sein [= des Augustus] Leben gegeben habe, will ich nun die Abschnitte im

10 Sonnabend, S. 174.

11 Vgl. etwa seine »Quellenkritik« im Zusammenhang mit der Abstammung des Augustus (Aug. 1,1–3), Caligulas Geburtsort (Cal. 8,1–5) oder der Herkunft der Vitellier (Vit. 1,1–2,1) und Flavier (Vesp. 1).

Einzelnen darstellen, jedoch nicht nach zeitlichen [*per tempora*], sondern nach thematischen Gesichtspunkten [*per species*], damit Darlegung und Verständnis umso deutlicher werden können« (Übers. D. Schmitz).

Inhaltlich sind Suetons Rubriken »ganz und gar römischem Denken«[12] verpflichtet. So stehen zu Beginn einer Vita zunächst Ausführungen über das Geschlecht, die Familie und die Geburt des Herrschers, gefolgt von einer chronologischen Schilderung des Lebenslaufes (Erziehung, *toga virilis*, Anfänge der Laufbahn) bis zur Thronbesteigung. Der mittlere Abschnitt orientiert sich an – variablen – thematischen Kategorien (›Zettelkastenprinzip‹), unterteilt in einen mehr politischen und einen mehr privaten Teil. So geht es etwa um militärische Aktionen, Maßnahmen im Rahmen der Ämterlaufbahn, private Lebensführung, das Äußere sowie positive und negative Handlungen oder Charaktereigenschaften[13]. Der Schluss der Vita – letzte Lebenszeit, (durch Prodigien angekündigter) Tod und Testament – ist dann wieder chronologisch aufgebaut.

Die jeweiligen Rubriken werden häufig durch ein Stichwort eingeleitet, das den Leser über den Inhalt des Abschnitts informiert. Die dann aufgeführten Beispiele sind bisweilen zeitlich geordnet, oft aber auch nur assoziativ, adversativ oder gar nicht miteinander verbunden. Dabei steht Faktisches neben Anek-

12 v. Albrecht, S. 1107.

13 Auf diese Unterteilung in Gut und Böse weist Sueton bisweilen ausdrücklich hin, so etwa in Cal. 22,1: »Bis hierher habe ich sozusagen von ihm als Prinzeps berichtet, im Folgenden muss ich mich mit dem Ungeheuer befassen.« Vgl. auch Ner. 19,3: »Das bisher Berichtete verdient zum Teil keinen Tadel, zum Teil sogar ausgesprochenes Lob. Ich habe es deshalb hier zu einem Abschnitt zusammengefasst, weil ich es von Neros Schandtaten und Verbrechen trennen will, von denen ich jetzt zu sprechen habe« (Übers. M. Giebel).

dotischem, Wichtiges neben Unwichtigem, Verbürgtes neben Unverbürgtem. Die Aufteilung in Sachkategorien fördert gewiss die Übersichtlichkeit, doch werden dadurch zusammengehörige Ereignisse und Fakten häufig auseinandergerissen, sie werden zurechtgebogen oder falsch zugewiesen, und die Chronologie gerät aus dem Blick, mit der Folge, dass die Informationen, anders als in der Geschichtsschreibung, zu keinem geschlossenen Bild der historischen Epoche führen.[14] Dabei ist allerdings zu berücksichtigen, »daß dem römischen Leser die geschichtlichen Zusammenhänge ganz anders gegenwärtig waren, daß für ihn das rein Faktische, das uns manchmal unwesentlich oder gar überflüssig erscheinen mag, mit ganz anderen Gefühls- und Tatsachenwerten erfüllt war als für uns«.[15] Das Rubrikenschema ermöglicht zwar trotz allem eine Charakterisierung des Kaisers, verhindert aber – ein zentraler Gesichtspunkt heutiger Lebensbeschreibungen – einen genaueren Einblick in die *Entwicklung* der Persönlichkeit, abhängig von »Umwelt, Anlage und eigenem Wollen«[16]. Dass der Autor die modernen Anforderungen und Erwartungen an eine Biographie nicht erfüllt, ist ihm allerdings schwerlich vorzuwerfen. Bezogen auf die antiken Rezipienten ermöglicht die nach Rubriken gegliederte Aufbereitung des biographischen Materials eine rasche inhaltliche Orientierung, erleichtert den Vergleich zwischen den Kaisern und eignet sich, so Pausch, »in hohem Maße zur Memorierung und damit auch zur Wiederverwendung im Kontext der zeitgenössischen Bildungskultur, die in verschiedenen gesellschaftlichen Institutionen dem Einzelnen reichlich Gelegenheit bot, kulturelle Kompetenz zu de-

14 Zu den Mängeln, die sich aus dem Rubrikenschema ergeben, ausführlich Flach, bes. S. 285.

15 Lambert, S. 349.

16 Lambert, S. 348.

monstrieren«.[17] Vor diesem Hintergrund sind Stoffauswahl und literarische Technik also nicht mehr als künstlerische Ungeschicklichkeit zu bewerten, sondern als bewusste Formgebung im Dienste der Leser. Sueton will sein Publikum informieren und unterhalten, und dies auf eine narrativ und sprachlich möglichst ansprechende Weise.

Stilistisch unterscheiden sich Suetons Biographien deutlich von der zu seiner Zeit verbreiteten ›Kunstprosa‹ der Historiographie, die sich dem Archaismus verschrieben hat; die *Kaiserviten* stehen in der Tradition des Klassizismus (Quintilian) und streben nach »cäsarischer *elegantia*«[18]. In die Nähe der Fachschriftstellerei (*genus tenue*) gehören sie insofern, als der Autor sich um eine eher nüchterne und präzise Ausdrucksweise bemüht, auf rhetorische Effekte verzichtet, sich griechischer und umgangssprachlicher Wörter bedient und Zitate wörtlich übernimmt. Gleichwohl finden sich auch, abhängig vom zu erzählenden Inhalt, anspruchsvoller gestaltete Passagen.[19]

Zur Zeit Suetons gab es für die Kaiser-Biographie keine festen Gattungsvorgaben,[20] und in der Forschung wurde viel Mühe darauf verwandt, mögliche Vorbilder sowie Parallelen und Unterschiede zu anderen biographischen Schriften ausfindig zu machen.[21] Dabei ging es immer auch um eine Bewertung von Suetons künstlerisch-literarischen Qualitäten.[22] In ganz groben Zügen: Während Friedrich Leo[23] die Leistungen unse-

17 Pausch, S. 274.

18 v. Albrecht, S. 1110.

19 Vgl. etwa den Passus, der die Einzelheiten von Claudius' Thronbesteigung erzählt (Claud. 10,1–4), oder die ausführliche Schilderung von Neros Tod (Ner. 47–50).

20 Vgl. Pausch, S. 42–47.

21 Vgl. etwa Lewis.

22 Dazu ausführlich Galand-Hallyn; ebenso Pausch, S. 233–236.

23 Laut Leo gab es zwei Arten der antiken Lebensbeschreibung: auf

res Biographen noch sehr negativ beurteilte, trat 50 Jahre später Wolf Steidle den Beweis an, »dass Suetons Caesares ein klarer Gestaltungswille, verbunden mit festen, wenn auch ohne Reflexion vorgebrachten moralischen Urteilen zugrunde liegt. Dabei bedient [sich Sueton] auch einer Reihe von Mitteln, die nach Leo sonst nur der künstlerisch gestalteten Biographie geläufig sind, so der dauernden Hervorhebung leitender Gesichtspunkte, der grundlegenden Eingangscharakteristik und der überlegten Zusammenstellung und Verknüpfung der einzelnen Rubriken und Gesichtspunkte.«[24] Steidles Rehabilitationsversuch fand natürlich ebenso Gegner wie Befürworter, doch mittlerweile überwiegen – auch dank der Monographien von Barry Baldwin und Andrew Wallace-Hadrill – die wohlwollenden Beurteilungen.[25]

Nachleben

Suetons *Caesares* übten großen Einfluss auf spätere Biographen aus und wurden als Muster für Lebensbeschreibungen rezipiert, so u. a. von Marius Maximus (gest. um 230), der die

der einen Seite die »peripatetische«, die chronologisch vorging, literarisch gestaltet war und bedeutende Persönlichkeiten des öffentlichen Lebens behandelte, und auf der anderen Seite die »alexandrinische«, die sich, in nüchterner Sprache verfasst und in Rubriken gegliedert, in eher wissenschaftlicher Weise mit Literaten, Künstlern und Philosophen befasste. Sueton habe, so Leo, das »alexandrinische« Modell, dem er vorher in seinen *De viris illustribus* gefolgt sei, in unangemessener Weise auf die *Kaiserviten* übertragen. – Vgl. auch das bekannte Verdikt von Gino Funaioli, S. 25: »Ma un vero scittore non è.«

24 Steidle, S. 108.

25 Vgl. Pausch, S. 235.

Viten der Kaiser von Nerva bis Elagabal beschrieb, vom sog. Aurelius Victor (2. Hälfte des 4. Jh.s) in seinem Werk *De Caesaribus* sowie von der wohl um 400 entstandenen (recht dubiosen) *Historia Augusta*, die, angefangen bei Hadrian, 30 Viten römischer Kaiser und Usurpatoren versammelt. In der christlichen Biographie lassen sich Suetons Spuren ebenfalls nachverfolgen, so etwa in Possidius' *Vita S. Augustini* (5. Jh.) sowie in Eugipps *Vita Sancti Severini* (um 500). Auch im Mittelalter wurden Suetons Viten, wie die hohe Zahl von Handschriften beweist, eifrig gelesen. In seiner *Vita Caroli Magni* hat sich Einhard (um 800) an den Gliederungsprinzipien Suetons orientiert. In der Renaissance gibt es eine *aetas Suetoniana* und eine des Plutarch. Und heutzutage gilt Sueton für Holger Sonnabend gar als »Trendsetter für die populäre Prominenten-Biographie«.[26]

Aufbau und Inhalt der Augustus-Vita

1. Die Familie und die Zeit bis zum Antritt der Herrschaft (Kap. 1–8)

In der Einleitung (Kap. 1–8) berichtet Sueton von der dem Ritterstand angehörigen Familie der Octavier. Augustus' Vater erwirbt sich als Proprätor in Makedonien hohes Ansehen, seine Mutter Atia ist eine Tochter von Caesars Schwester Iulia (Kap. 1–4). Das Licht der Welt erblickt der künftige Kaiser in Rom (nach anderer Überlieferung in der Nähe von Velitrae),

26 M. Balzert, »Trendsetter der antiken Kunst und Kultur«, in: *Forum classicum* 1 (2006) S. 52 [Rez. zu: H. Sonnabend, *Wie Nero das Chanson erfand. Trendsetter der antiken Kunst und Kultur*, Düsseldorf/Zürich 2005].

verbringt seine ersten Jahre auf dem großväterlichen Landgut und erhält den Beinamen Thurinus; später nennt er sich Gaius Caesar und schließlich Augustus (Kap. 5–7). Mit zwölf Jahren hält er die Leichenrede für seine Großmutter Iulia, und als junger Mann begleitet er Caesar auf seinem spanischen Feldzug. Als er im griechischen Apollonia wissenschaftlichen Studien nachgeht, erreicht ihn die Nachricht von seiner testamentarischen Adoption durch Caesar. Er kehrt nach Rom zurück und tritt sein Erbe an (Kap. 8).

2. *Vita publica (Kap. 9–60)*

a) Der Prinzeps als Feldherr (Kap. 9–25)

Am Anfang von Kap. 9 weist Sueton explizit darauf hin, dass er in der nun folgenden Darstellung des Augustus nicht chronologisch, sondern thematisch vorgehen wird.

Der erste Unterabschnitt schildert ausführlich die Hintergründe und den Verlauf der Bürgerkriege gegen M. Antonius (Sieg bei Mutina), gegen die Caesar-Mörder Brutus und Cassius (Sieg bei Philippi), gegen L. Antonius (Einnahme von Perusia) und Sex. Pompeius (Sieg auf Sizilien) bis zu Octavians endgültigem Triumph über M. Antonius (und Kleopatra) bei Actium (Kap. 9–18).

Kap. 19 handelt von den zahlreichen erfolgreich niedergeschlagenen Erhebungen von Leuten sowohl höchsten als auch niedrigsten Ranges, Kap. 20 f. von den auswärtigen (stets »gerechten«) Kriegen, die niemals eine Expansion des Reiches zum Ziel haben, und Kap. 22 von den von Augustus gefeierten Triumphen. Nur zweimal werden seine Truppen vernichtend geschlagen, wobei die Niederlage des Varus fast den Untergang des Staates bedeutet und den Prinzeps in tiefe Verzweiflung stürzt (Kap. 23). Als Militär achtet Augustus auf strenge Diszi-

plin, sanktioniert Vergehen mit schweren Strafen und setzt Freigelassene nur selten als Soldaten ein. Er belohnt zwar seine Soldaten, ist aber sparsam bei der Vergabe von besonders ehrenvollen Auszeichnungen. Übereilte oder waghalsige Unternehmungen lehnt er entschieden ab (Kap. 24 f.).

b) Der Prinzeps als Staatsmann (Kap. 26–60)

Der zweite Unterabschnitt listet die Ämter und Ehrenstellen auf: Der Kaiser bekleidet mehrere Konsulate (Kap. 26). In seinem Triumvirat führt er brutale Proskriptionen durch und macht sich durch die drakonische Bestrafung wirklicher und vermeintlicher Gegner verhasst (Kap. 27,1–4). Er übernimmt die tribunizische Gewalt und die Aufsicht über die Sitten und Gesetze. Zweimal erwägt er, die Macht niederzulegen, entscheidet sich aber dagegen, um dem Staat eine bestmögliche Verfassung zu geben (Kap. 27,5–28,2).

Die ausgedehnte Bautätigkeit des Prinzeps ist Thema von Kap. 28,3–29: Er errichtet eine Vielzahl von profanen und sakralen Gebäuden und fordert auch führende Mitbürger auf, die Stadt durch neue Bauten zu verschönern. Er reformiert die Stadtverwaltung, sorgt für die Sicherheit der Bevölkerung vor Feuer und Wasser, kümmert sich um den Straßenbau und renoviert Tempel, die er prachtvoll ausstatten lässt (Kap. 30). Als Pontifex Maximus vernichtet er sämtliche Orakelschriften mit Ausnahme der Sibyllinischen Bücher, reformiert den Kalender und das Priesterwesen, belebt alte religiöse Zeremonien und ehrt das Andenken bedeutender früherer Feldherren (Kap. 31). Augustus bekämpft die Wegelagerei, trifft neue Regelungen im Bereich der Justiz und betätigt sich selbst als sorgfältiger und milder Richter (Kap. 32 f.). Er erlässt strengere Gesetze zur Hebung von Sitte und Moral (Kap. 34), säubert den Senat und führt dort und in den amtlichen Zuständigkeiten einige Neuerungen ein (Kap. 35 f.). Um mehr Personen an der Staatsver-

waltung zu beteiligen, schafft er neue Ämter (Kap. 37). Er ist großzügig in der Vergabe militärischer Auszeichnungen und ermöglicht den Söhnen von Senatoren eine schnelle Karriere (Kap. 38,1 f.). Die Kap. 38,2–40,1 beschreiben Augustus' Umgang mit dem Ritterstand. Den Stimmenkauf bei Wahlen dämmt er ein (Kap. 40,2). In der Vergabe des Bürgerrechts ist er sehr sparsam, er erschwert die Freilassung von Sklaven und setzt die alte Kleiderordnung wieder in Kraft (Kap. 40,3–5).

Bei zahlreichen Gelegenheiten beweist Augustus seine Freigebigkeit (Kap. 41). Dass er mehr auf das Wohl als auf die Gunst des Volkes bedacht ist, wird in Kap. 42 anhand mehrerer Beispiele belegt. Die vom Prinzeps in großer Zahl an ganz unterschiedlichen Orten veranstalteten prachtvollen Schauspiele und die mit ihnen verbundenen Attraktionen, Vorfälle und Regelungen sind Thema von Kap. 43 f. Augustus' eigenes Zuschauerverhalten sowie seine Einstellung zu den Spielen und den daran Beteiligten wird in Kap. 45 dargestellt. Ehrenpreise stiftet er häufig aus seinem Privatvermögen, er schützt Schauspieler und Athleten (so verbietet er etwa den Gladiatorenkampf auf Leben und Tod) und achtet streng auf die Einhaltung von Regeln.

Er sorgt für das Wohlergehen der von ihm gegründeten Kolonien, regelt die Provinzverwaltung und behandelt verbündete Städte gemäß ihren Verfehlungen, Bedrängnissen und Verdiensten (Kap. 46 f.). Kap. 48 handelt von Augustus' Umgang mit unterworfenen und befreundeten Königreichen, Kap. 49 von der Verteilung seiner Heere und Flotten und von der Neuregelung des Militärdienstes und der Nachrichtenübermittlung. Der Kaiser siegelt seine Schreiben mit seinem eigenen Bild (Kap. 50).

Die Kap. 51–56 illustrieren anhand vieler Beispiele die Milde und Leutseligkeit des Prinzeps. So ist er nachsichtig gegenüber Gegnern und Kritikern (Kap. 51), weist übermäßige Ehren und

die Anrede »Herr« zurück, tritt in der Öffentlichkeit bescheiden auf, behandelt die Senatoren respektvoll und erträgt andere Meinungen (Kap. 52 f.). Gegen ihn gerichtete Schmähungen lässt er straflos durchgehen; er nimmt wie ein gewöhnlicher Bürger an den Wahlen teil und lässt sich als Zeuge befragen und widerlegen. Er fördert seine Freunde, ohne ihnen etwa vor Gericht Sonderrechte einzuräumen (Kap. 54–56).

Aufgrund seines verdienstvollen Wirkens erfreut sich Augustus im In- und Ausland großer Beliebtheit. Alle Stände lassen ihm vielfältige Ehrungen, darunter auch den Titel »Vater des Vaterlandes«, sowie Spenden und Geschenke zukommen. In den Provinzen werden ihm zu Ehren Tempel und Altäre errichtet sowie Spiele veranstaltet. Verbündete Könige erweisen ihm auf unterschiedliche Weise ihre Reverenz (Kap. 57–60).

3. *Vita privata (Kap. 61–93,2)*

In Kap. 61,1 weist Sueton ausdrücklich darauf hin, dass er sich im Folgenden mit dem Kaiser als Privatmann befasst. Er beschreibt Augustus' Verhältnis zu Mutter und Schwester und berichtet von seinen Ehen und Scheidungen (Kap. 61,2–62). Seine Tochter Iulia verheiratet er in dritter Ehe mit Tiberius (Kap. 63). Er adoptiert seine Enkel Gaius und Lucius und bereitet sie auf die Staatsverwaltung vor. Bei seiner Tochter und seinen Enkelinnen achtet er auf eine konservative Erziehung und unterrichtet sie auch selbst (Kap. 64). Die widrigen Schicksale seiner Tochter, seiner Enkelin und seiner Enkel sind Thema von Kap. 65: Die ersten beiden werden wegen ihres unmoralischen Lebenswandels verbannt, wobei seine Tochter seine ganze Härte erfährt. Nach dem vorzeitigen Tod von Gaius und Lucius adoptiert Augustus seinen Enkel Agrippa Postumus, schickt ihn aber später ebenfalls in die Verbannung.

Nur wenn sie sich schwerer Vergehen schuldig machen, wendet er sich von Leuten, mit denen er Freundschaft geschlossen hat, wieder ab; er ist nachsichtig gegenüber deren Fehlern, achtet aber genau darauf, wie sie sich testamentarisch über ihn äußern. Vermächtnisse von Unbekannten schlägt er aus (Kap. 66). Mehrere Beispiele zeigen, dass der Prinzeps als Patron sowohl milde als auch streng sein konnte (Kap. 67).

Die Augustus nachgesagten negativen Charakterzüge – homosexuelle Beziehungen (Kap. 68), ehebrecherische Verhältnisse (Kap. 69), Schwelgerei, Habgier und Spielsucht (Kap. 70). – werden im Folgenden z. T. relativiert. Bestätigt aber werden seine sexuellen Ausschweifungen, und zu seiner Liebe zum Würfelspiel bekennt er sich selber ganz offen (Kap. 71).

Ausdrücklich gewürdigt wird seine anspruchslose Lebensweise: Er legt keinen Wert auf luxuriöses Wohnen und kleidet sich unauffällig (Kap. 72 f.). Seine Gäste bewirtet er gemäß ihrem Rang, und er erweist sich als liebenswürdiger Gastgeber (Kap. 74). An Festen und Feiertagen verteilt er sehr unterschiedliche Geschenke (Kap. 75). Er ernährt sich bescheiden und trinkt nur wenig Wein (Kap. 76 f.). Kap. 78 umreißt kurz seinen üblichen Tagesablauf und seine Schlafgewohnheiten.

Der Kaiser verfügt über ein sehr ansprechendes Äußeres, leidet aber unter verschiedenen körperlichen Beschwerden, ist sehr krankheitsanfällig und nimmt Rücksicht auf seine schwächliche Konstitution (Kap. 79–82). Kap. 83 erzählt von seinen Freizeitaktivitäten (Sport und Spiel). Seit frühester Jugend widmet er sich engagiert den freien Künsten. Seine Reden sind sorgfältig ausgearbeitet, und auf Gespräche mit Einzelpersonen bereitet er sich schriftlich vor (Kap. 84). Neben wenigen poetischen Texten verfasst Augustus vor allem Prosaschriften (u. a. eine Aufforderung zur Philosophie sowie Lebenserinnerungen). Er strebt nach einer eleganten und klaren Ausdrucksweise und kritisiert an anderen deren allzu modi-

schen oder altertümelnden Stil (Kap. 85 f.). Kap. 87 versammelt Beispiele aus Augustus' umgangssprachlichem Wortschatz, Kap. 88 berichtet von seinem Desinteresse an einer korrekten Orthographie. Mit großem Eifer studiert der Prinzeps die griechische Sprache und Literatur, interessiert sich besonders für die praktische Nutzanwendung der Lehren lateinischer und griechischer Schriftsteller und teilt seine »Lesefrüchte« Mitgliedern seines Hauses, Amtsträgern und dem Volk mit. Begabte Autoren werden von ihm ausdrücklich gefördert (Kap. 89).

Augustus hat eine panische Angst vor Gewittern und glaubt an die Bedeutung von Träumen und Vorzeichen (Kap. 90–92). Er begeht auch die traditionellen nichtrömischen Feierlichkeiten. In Athen lässt er sich in die Mysterien einweihen (Kap. 93).

4. *Vorzeichen (Kap. 94–97,1–3a)*

Ausführlich beschreibt Sueton die Wunderzeichen, die sich im Umkreis von Augustus' Geburt sowie im Laufe seines Lebens ereigneten und die auch den Tod des Kaisers und seine Aufnahme unter die Götter ankündigten.

5. *Das Ende (Kap. 97,3b – 101)*

Sueton kehrt jetzt zur chronologischen Erzählweise zurück und schildert die letzte Reise des Prinzeps. Unterwegs wird er – zu seiner großen Freude – von alexandrinischen Seeleuten umjubelt. Er verbringt einige Tage auf Capri, wo er großzügige Geschenke verteilt, und begibt sich, bereits kränkelnd, weiter bis nach Neapel, um einen ihm zu Ehren gegebenen Agon zu besuchen. Auf der Rückreise verschlechtert sich sein Gesund-

heitszustand so sehr, dass er seinen designierten Nachfolger Tiberius zu einem letzten Gespräch zu sich nach Nola kommen lässt. Kurz darauf stirbt er dort im Beisein Livias. Er hat den von ihm gewünschten leichten Tod (97,3b – 99). Seine Leiche wird nach Rom überführt, und die Senatoren überbieten sich mit ihren Vorschlägen für die Gestaltung der Leichenfeier und der Ehrung seines Andenkens. Der Leichnam wird auf dem Marsfeld verbrannt und im Mausoleum bestattet (Kap. 100,2–4). Das Schlusskapitel gibt detailliert Auskunft über Augustus' Testament und weitere hinterlassene Schriften: Anordnungen für seine Beisetzung, ein Verzeichnis seiner Taten sowie eine Übersicht über die im Reich stationierten Soldaten und die staatlichen Finanzen.

Ursula Blank-Sangmeister

Inhalt